중세 승원 회랑의
초목과 꽃 조각 장식

카미노 산티아고 순례 길

중세 승원 회랑의 초목과 꽃 조각 장식

카미노 산티아고 순례 길

초판인쇄 2018년 9월 7일
초판발행 2018년 9월 7일

지은이 이희숙
펴낸이 채종준
기 획 조가연
디자인 홍은표
마케팅 문선영

펴낸곳 한국학술정보(주)
주소 경기도 파주시 회동길 230(문발동)
전화 031 908 3181(대표)
팩스 031 908 3189
홈페이지 http://ebook.kstudy.com
E-mail 출판사업부 publish@kstudy.com
등록 제일산-115호(2000. 6. 19)

ISBN 978-89-268-8538-3 03920

Vegetal-Floral Ornamentation in Medieval Monastery Cloisters

중세 승원 회랑의 초목과 꽃 조각 장식

카미노 산티아고 순례 길

이희숙 지음
Hee Sook Lee

이담 Books

들어가며

아칸서스(Akanthus)가 기독교의 상징 혹은 장식인지의 호기심은 저자가 불교에서 기독교로의 개종 과정에서 일어났다: "상징 로투스(Lotus)가 부처님에 대한 나의 믿음을 강하게 한 것처럼 아칸서스도 하나님 존재에 대해 같은 영향을 미칠까?" 여러 해가 지나 저자는 이슬람 건축 예술 연구 중 신전, 교회, 모스크, 심지어 사찰에까지 나타난 아칸서스는 이교도 그리스와 로마에서 유래한 점 외에도 상징과 장식에 둘 다 사용됨을 알게 되었다.

따라서 이 책은 중세기 승원과 회랑의 건축 장식에 나타나는 초목과 꽃을 통해 그들의 상징과 아름다움을 논한다. 그리고 고대에서 초기 고딕 건축까지 오너멘트의 연대 제한은 르네상스가 시작된 후, 인간 중심의 건축으로 초목과 꽃에 대한 사고가 바뀌었고 아칸서스가 덜 사용되었기 때문이다. 초목과 꽃에 관한 열정은 중세 기독교 암흑 시기가 절정이었는데, 비잔틴, 로마네스크 이전, 특히 로마네스크 승원 회랑의 기둥머리에 인물, 동물과 함께 표현하여 상징, 장식으로뿐만 아니라 문맹 신자들의 기독교 신앙의 교육 자료가 되었다.

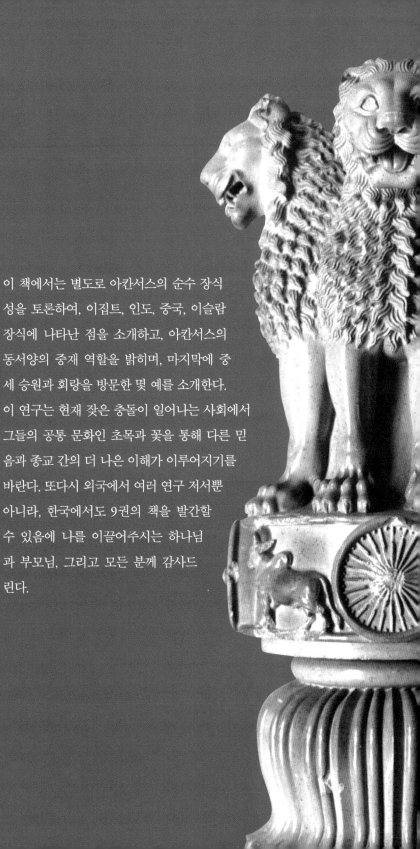

이 책에서는 별도로 아칸서스의 순수 장식
성을 토론하여, 이집트, 인도, 중국, 이슬람
장식에 나타난 점을 소개하고, 아칸서스의
동서양의 중재 역할을 밝히며, 마지막에 중
세 승원과 회랑을 방문한 몇 예를 소개한다.
이 연구는 현재 잦은 충돌이 일어나는 사회에서
그들의 공통 문화인 초목과 꽃을 통해 다른 믿
음과 종교 간의 더 나은 이해가 이루어지기를
바란다. 또다시 외국에서 여러 연구 저서뿐
아니라, 한국에서도 9권의 책을 발간할
수 있음에 나를 이끌어주시는 하나님
과 부모님, 그리고 모든 분께 감사드
린다.

목차

03

순례 길의 로마네스크 승원 회랑

04

상징 초목과 꽃

05

아칸서스

06

사례 연구

부록

Akanthus

Anthemion

Arabesque

Guilloche

lily

Lotus

Palmette

Papyrus

Pine-cone tree

Rose

Sacred tree

Scroll

Spiral

Vine

Balance

Contrast

Emphasis

Repetition

Harmony

Rhythm

Unity

Variety

01

오너멘트

정의와 개념

예술, 특히 장식(ornamentation)에 관해, 콜링우드(1883)는 정의 짓기를, 인간이 자연에 본능적 관심으로 자신의 만족을 위해 자연을 모방하면 그것은 예술이다. 그러나 그가 자연의 관심과 기쁨으로 자연 형태와 컬러에 열정적으로 시간을 갖고 작품을 다루어 그 힘의 효과와 부드러움을 강조하면 장식이다. 인간은 자연을 숭배하고 장식함으로써 그의 작품을 사랑한다. 장식예술은 인간이 자연과 그의 작품에 관심을 가짐과 동시에 기쁨의 표현이다.

어휘 "오너멘트(Ornament)"는 라틴어 *Ornamentum*에서 유래, 어떤 의식적 대상물에 우아함을 부여함이다. 문자적으로 "장식"으로 풀이되나, 인간과 주위 환경에 추가물로서 특별한 사용이 없이 기쁨을 제공한다. 독일 철학가 임마누엘 칸트(1724~1804)의 표현을 빌리면, "그것이 착용자에 오직 어울릴 때야"[1], 즉 그것이 휴대하는 착용자의 장식 표현 일부가 될 때야 오너멘트다.

오너멘트의 기원에 관해, 마치는 "Evolution and Psychology in Art"(1896)에서 이렇게 정의한다. 오너멘트는 처음에는 어떤 수세공 구조에서 시작, 인간이 그것에 여러 번 접근하여 차츰 인간 마음에 고착되면서 그것의 변형을 점점 기대한다. 그리고 인간의 손과 눈이 그것의 선과 형태에 익숙해짐에도, 여전히 그 기본 구조는 오너

---

1 Only when it suits the wearer.

멘트가 아니다. 그러나 인간 마음이 그것의 반복 출현에 익숙하며 부족함을 느껴 다른 것을 찾을 때 오너멘트는 창조된다.

한편, 프르피리오스(1991)는 "우주", "질서"와 "오너멘트"를 내포하는 그리스 단어 *Kosmos*에서 기원을 찾았다. 그는 주장하기를, 건축 모티프는 그것이 그대로 사용되었든 스타일화되었든 자연에서 유래했다. 건축 기둥의 코린트 양식은 아칸서스 잎에서 아이디어를 얻었고, 아이오닉 양식의 볼루트는 나선 조개에서 영감 받았다. 그리고 상징 모티프는 사회, 자연, 신들 간의 관계를 반영하며, 나아가 인간을 장식하는 문신은 그가 속하는 사회에 계급, 공로와 실력을 제시할 뿐 아니라 그를 악에서 보호하려는 눈에 띄는 방법이다.

오너멘트는 언어처럼 원래 전적으로 신화와 묶였다. 오직 오랜 시간 후 신화 의식을 둘러싼 마법의 서클이 부서졌을 때야 그것의 순수한 재현, 순수 '미적' 역할을 성취했다(프르피리오스, 1991)[2].

따라서, 오너멘트의 기능에 관해 햄린(1916)의 견해는, 오너멘트는 그것의 아름다움 혹은 상징 의미가 유용성에 전가된 미적 수단이다. 상징 오너멘트는 특수한 의미를 표현하기 위해 선정된 요소들로 숫자, 기호, 그로테스크한 형상 등등이다. 그리고 미적 오너멘트는 아름다움을 목적으로 초목과 꽃은 인간의 눈을 즐겁게 한다. 이들 역할을 재현(representation) 또는 장식으로 분류함은 이들의 각각 목적에서

---

2 Ornament, like language, is originally bound up entirely with myth. It is only much later that it achieves its purely representational, purely 'aesthetic' role, only as the magic circle with which mythical consciousness surrounds it is broken(Porphyrios, 1991).

정해진다. 실제, 이 정의는 보편적으로 정확하나, 오너멘트의 근본 특질을 완전히 만족지 않는다. 오너멘트는 서로 얽힌 복잡한 형태로 장식의 기원들과 그들 발전의 기록을 먼저 이해해야 한다.

이 점에 트릴링(2001)은 오너멘트의 순수 아름다움만을 강조한다. 오너멘트는 기본 예술로 그 자체 역사를 가지며 인간이 그들 건물에 응용하는 모든 모양과 패턴을 포함한다. 오너멘트의 시각적 호소력은 건축 내용과 형태를 연결하며, 그 형태의 감정과 지적 내용보다 오히려 정교함에 집중한다. 오너멘트는 스타일화, 비재현적인 호소로 대상물과 나누는 즐거운 시각 예술이다.

오너멘트는 어떤 때는 천천히 그리고 점차 더 큰 도약으로 진화한다. 이 느린 진화조차도 시간이 흐를수록 진정으로 새로운 것으로 이끈다(트릴링, 2001)[3].

이름난 중세 역사학자 포실롱은 『The Life of Forms in Art』(1992)에서 오너멘트를 "변태의 선정된 집"으로 역설했다. 역사적으로 오너멘트의 의미는 서구 문화 발전 조건과 함께 변화했고, 오너멘트는 변태를 허락하는 환경에서 거주함으로 실용물의 공간에서 그 표현이 바뀌어야 한다.

어쨌든, 오너멘트는 (i) 건축 공정 과정에 자연스러운 결과를 위해 대상물을 연결한다. (ii) 건물의 빈 곳에 생동감을 주며 한 부분과 다른 부분의 경계를 이룬다. 건축과 오너멘트의 경계선은 기능

---

3 Ornament evolves, sometimes slowly and incrementally, more really by quantum leaps, but even the slow evolution leads, in time, to something genuinely new(Trilling, 2001).

과 필요성이다. 신전 기둥은 건물의 속성이고, 처마장식은 그것의
보조로, 오너멘트는 전체 건물의 기능, 재료, 디자인 요소와 원칙으
로 평가되어야 한다.

분류

오너멘트는 방법, 주제, 역사 분야 등등으로 분류할 수 있다.

첫째, 방법으로는 오너멘트가 다섯으로 나뉜다. (i) 공간 채우기: 선, 전체와 방사로 분류, 계속과 비계속으로 재분류, (ii) 생산 방식과 수단: 빛, 그림자, 컬러, 릴리프, (iii) 디자인 방법과 원칙: 시대 취향, 시장 요구, 연장, 재료, 정보와 전통, (iv) 사용 대상물, (v) 구조 관계이다.

둘째, 주제에 따라 마르텔(1878)은 오너멘트를 세 종류로 구분했다. (i) 발명 오너멘트: 자연의 것과 닮지 않고 상상과 예술적 지능을 나타낸다. 그리스 안티픽스와 종려 잎, 비잔틴 셰브런, 로마네스크 인터레이스, 고딕 로즈윈도가 좋은 예이다. (ii) 모방 오너멘트: 동식물과 인물 모티프로, 역사 장면과 신화적 인물이 담긴 그리스 세라믹, 고대 오너멘트에 종려의 모방인 팔메트, 중세 아칸서스에서 파생한 트래포일, 고딕 프리즈와 기둥머리에 초목과 꽃이다. (iii) 혼합 오너멘트: 발명과 모방을 겸비하여, 스타일화 아라베스크-자연적 잎, 기둥머리에 바인-새, 창문 트래새리에 천사-십자이다.

셋째, 역사 분야에 보룸(1895)은 오너멘트를 상징과 심미로 나누며, 이것은 인간의 이해와 감정에 각각 호소한다[4]. 그리고 오너멘트

---

4 역사 오너멘트의 여섯 제안

　i. 역사 오너멘트로 알려진 최초의 것은 이미 진보한 문명에 속한다.

가 상징으로 사용되면, 그 형태와 컬러의 효과는 무관하지만, 오너멘트가 심미라면 그 요소들이 형태, 대칭, 컬러에 조화되어야 한다. 오너멘트는 인간의 눈을 기쁘게 하는 필요성으로, 다섯의 장식 원칙을 근거로 한다.

(i) 반복: 조그만 큐브 덴틸(dentil)의 반복은 몰딩에 효과를 가져온다. 코린트 양식에서 잎 반복은 다른 잎들과 교체로서, 혹은 잎이 형태, 디자인에 대칭과 다양함, 반복과 다름을 나타낸다. (ii) 복잡: 여러 요소의 접촉을 강점-약점, 규칙-불규칙, 대칭-비대칭으로 통합한다. 그리스 인터레이스는 전체를 분리하지 않고 여러 요소를 배합한다. (iii) 혼잡: 자연에서 가져온 모티프는 예술적 효과 수단으로, 건축 기둥을 아름답게 장식한다. (iv) 율동: 릴리프와 기둥 열은 다른 건축 요소와 함께 리듬과 조화를 이룬다. (v) 교차: 오너멘트의 비례적인 분할과 재분화는 코린트 기둥머리 모티프 장식을 발전, 완성한다.

---

ii. 최초 역사 오너멘트 기원들은 발견, 확인되어야 한다.

iii. 야만과 원주민 오너멘트는 문명과 진보한 예술에 도움받지 않았다.

iv. 역사 오너멘트는 더 오랜 문명의 근원까지 추적되지 않았다.

v. 역사 문화는 자체 형태와 발전을 유산 받거나 빌린 장식 예술에 둔다.

vi. 수입했거나 이어받은 오너멘트들의 수정에서 그들 본래 사용과 중요성이 무시되었다.

양식화

19세기 오너멘트 이론가 오웬 존스(1809~1874)가 설정한 37 명제 중 13은 자연 형태들이 오너멘트가 되려면 양식화(conventionalisation) 과정의 필요성을 지적한다. 그리고 양식화된 오너멘트는 그것이 장식하는 대상물의 통일성을 지키고 의도하는 이미지를 전달해야 한다. 역사적으로 많은 예술가는 양식화에 관한 지식 부족으로 자연의 잎을 그대로 모방하고 자신의 방식으로 오너멘트를 만들었다. 예로, 아시리아 예술가는 바인, 무화과, 종려, 고사리, 릴리 등 여러 유형을 평면에 프로파일로 소개했다.

　이 점에 콜링우드(1883)는 장식 예술의 이상 판단 척도로 세 규범을 제시했다. (i) 적응: 오너멘트는 건물의 다른 장식 요소를 방해하거나 숨기지 않고, 그 건설을 표현하고 유용성을 도와야 한다. 그리스와 고딕 건축가는 신전 기둥을 오너멘트로 장식하여 건축의 장점을 드러냈다. (ii) 의미: 오너멘트에 다소 의미를 부여하여, 자연을 향한 예술가의 관심을 표현함이 중요하다. 그렇지 않으면 오너멘트는 단지 공간을 감추고 더러움을 숨긴다.

　(iii) 양식화: 예술 목적에 적합한 자연적인 아름다움의 추상화(단순화)이다. 즉 자연과 유사한 오너멘트를 원한다면, 예술가는 그 조목의 유용성 일부를 희생해야 한다: "아름다움을 사용에 적응하지,

사용을 아름다움에 적응하지 말라[5]." 올바른 양식화는 상상, 재료, 사용에 적합하여, "그것을 보는 대로 복사치 않고 그것이 되어야 한다고 생각하는 대로 하라"[6]는 법칙이다. 양식화는 자연의 요소들이 수정된 것이 아니고 계속과 성장을 뜻한다.

이집트 오너멘트 강의에서 콜링우드는, 신성한 로투스와 파피루스는 형식상 엄격히 변형되었지, 양식화가 아니다. 예술가들 손이 단단한 돌 재료에 맞는 조각을 위해 모티프들을 단순히 만들었을 뿐이다. 이 견해에 존스(1856), 햄린(1916), 윌슨(1994)은 고대 이집트 오너멘트는 양식화되었고 로투스는 그것을 증명한다.

어쨌든, 19~20세기 초, 어휘 "양식화"는 자연의 본래 모습을 추상화하면서 대상물의 유형, 형태, 내재하는 표현을 함께 가져오는 의도였다. 19세기 전까지 건축 오너멘트에 양식화는 건물 원본 및 고전적 형식에 속한다고 생각해왔다. 따라서, 기본 모티프들은 수세기 동안 완전성을 향하여 양식화를 반복했고, 이것은 아칸서스가 증명한다.

> 서구 세계에서 양식화된 고전 오너멘트의 광범위한 인정과 수용은 고전 건축의 권위에 대한 오랜 믿음이 독창적이며, 그리고 그 이름에 걸맞은 모든 건축의 기원과 일치했다(블루머, 2002).[7]

---

5 Adapt beauty to use, not use to beauty.

6 Don't copy anything as you see it, but as you think it ought to be.

7 The broad recognition and acceptance of conventionalised classical ornament in the Western world matched the long-standing belief in the authority of classical architecture as seminal, singularly generic, and the origin of all architecture worthy of the name(Bloomer, 2002).

되살아난 아칸서스 잎은 예술가들의 창의력을 빼앗고, 그전 처리된 것을 반복하게 남겨두었다. 그러나 새 장식 스타일을 원한다면 새 건축 스타일이 우선 창조되어야 한다. 건축은 오너멘트를 채택하였을 따름이다.

코린트 건축양식은 화분 주위에 자라는 아칸서스 잎으로 제시되었다고 알려졌다. 그러나 아칸서스 잎은 그전에 오너멘트로 존재했고, 혹은 좌우간 그 성장 원칙은 양식화된 오너멘트로 관찰되었다. 그것은 코린트 양식을 창조한 갑작스러운 발명인 기둥의 기둥머리 형성에 잎의 특이한 응용이었다(존스, 1856)[8].

실제, 19세기 빅토리아 시대의 이론가 푸쟁, 러스킨, 그리고 존스는 르네상스부터 현재까지 기둥머리에 양식화된 오너멘트의 정확한 모양, 비례, 위치에 대해 자문하려 애썼다. 디자인과 오너멘트 분포의 통제 원칙으로, 존스의 컬러와 모양을 다루는 37 명제는 양식화의 기본이 되었다. 자연 모티프를 규칙적이고 단순하게 만든 인공적 결과인 양식화는 건축 속성이 되었다. 즉 특수한 잎의 사소한 특성을 제거하며 그 중요 특성을 추상 형태로 한정시킴이다.

러스킨은 『The Nature of Gothic』(1853)에서 양식화를 통해 잎을 이상화하는 완벽한 개념에 도전하였다. 오너멘트를 창조하는 예술

---

8 The Corinthian order in architecture was said to have been suggested by an acanthus leaf found growing round an earthen port; but the acanthus leaf existed as an ornament long before, or, at all events, the principle of its growth was observed in the conventional ornaments. It was the peculiar application of this leaf to the formation of the capital of a column which was the sudden invention that created the Corinthian order(Jones, 1856).

가는 잎과 장식할 벽 특징을 알아야 한다. 그리고 다루는 재료 성질과 디자인 법칙에 호환될 수 있을 만큼 정확해야 한다. 러스킨이 설정한 오너멘트 이론의 여섯 명제 중, 넷째는 "장식은 자연스러워야 한다[9]"로, 양식화는 모든 장식이 자연의 아름다움을 채택 혹은 모방하여 이루어진다는 일반적인 법의 수정이다.

그는 "모든 고귀한 오너멘트는 하나님의 작품에 인간 기쁨의 표현[10]"을 주장하며, 저질의 예술가는 자연을 모방하고 잊어버리나, 자연의 훌륭한 작업은 모티프의 아름다움이 달성될 때에야 가치 있다. 이 순수한 재현을 위한 장식의 세 모드는 (i) 컬러, (ii) 열등, (iii) 수단에서 오는 양식화이다.

(i) 컬러로 인한 양식화: 추상 컬러는 자연 그 자체이지 모방이 아니다. 컬러가 사용되는 어디든지 장식은 자연 대상물을 재현하지 않고, 컬러에 호의적인 배열의 다른 조건으로 구성한다.

(ii) 열등으로 인한 양식화: 장식은 특정 서비스의 설정으로 특정 제도에 종속하고 특정 제한에 갇혔다. 모든 종류의 장식은 열등으로, 그들 특수한 특징은 양식화 덕택이다.

(iii) 수단으로 인한 양식화: 예술에서, 자연 모방은 작업자의 용이성과 재료 용량과 일치하는 것으로 인정된다. 재료의 복잡성으로 일어나는 결점들은 이 범주에 속한다[11].

---

9 Ornament should be natural.

10 All noble ornament is the expression of man's delight in God's work.

11 (1) Conventionalisation by cause of colour: Abstract colour is nature itself, not its imitation. Wherever colour is used, ornamentation may stop to represent natural objects and consist

예술가는 자연의 상세함에 일견을 두고 자연과 친숙해야 한다. 예로, 그리스 스크롤은 줄기의 분할을 감추는 가지들의 나선이다. 로마의 것은 그리스 아이디어의 계속에, 가지 분기를 양식화된 잎으로 숨기려 아칸서스 스크롤이 창조되었다. 로마 디자인의 거칢에서 시작한 12세기 로마네스크 장식에는 잎들이 자연으로 다소 돌아오며 표현에 자유가 있다. 이 경향은 초기 고딕 후 계속되며, 르네상스에 아라베스크 장식이 되었다.

이미 양식화된 기성품을 받아들임은 자신의 창의력과 타협하는 것이다. 받아들여진 유형을 계속 복사함은, 그것이 절대 아름답지 않아도, 그것이 억눌릴 뿐이다. … 이것을 알고, 자연 세계를 자기 집으로 느끼며, [예술가]는 자신의 평가로 양식화해야 한다. 그러면 약간의 성공 기회가 있고, 그렇지 않으면 없다(데이, 1977)[12].

---

in other condition of arrangement favourable to the colour.

(2) Conventionalisation by cause of inferiority: Ornamentation is set upon certain services, subjected to certain systems, confined with certain limits. All kinds of ornamentation owe their special character to conventionalisation, due to inferiority.

(3) Conventionalisation by cause of means. In art, imitation of nature is admitted as is consistent with the ease of the workman and the capacities of the material. Whatever shortcomings are appointed on account of the intractableness of the material, come under this category(Ruskin 1853, ed. Cook, 1904).

12 To accept a conventional ready-made is to compromise your own invention; to go on copying the accepted types, be they never so beautiful, is just to stifle it… Knowing all this, and being felt at home in the world of nature, one may set to work to conventionalise on one's own account. There is some chance of success then, not otherwise(Day, 1977).

자연적인 잎과 꽃은 단순 처리가 필요하다. 한 꽃의 추상화가 다른 유형과 비슷해도 상관없어, 고딕 장식의 보편적인 크로켓(crocket)은 산사 나뭇잎이 될 수 있다. 무엇보다, 양식화를 위한 정교한 작업에 충분한 기술이 필요하다. 정교의 한 방법으로써, 잎 가장자리를 뒤집음은 고대 스크롤에 나타났지만, 후기 고딕에서야 철제 장식의 정교성 요구 탓으로 특징이 되었다. 예술가의 지능과 취향에 따른 양식화는 새롭고 더 훌륭한 결과의 오너멘트를 창조한다.

이론가

비트루비우스, 로마 제국

황제 아우구스투스가 통치했던 기원전 1세기 로마 제국에서, 건축 이론가 비트루비우스(Vitruvius, 80/BC 70~15)가 쓴 『Ten Books on Architecture』에 어휘 "오너멘트"는 비유적 수단과 재현으로, 예로 신전 건물의 도릭 프리즈나 아이오닉 기둥머리였다. 그리고 오너멘트 개념은 피타고라스와 플라토의 고대 그리스 사상을 다시 가져왔다. 피타고라스는 자연의 에너지와 질서 표명에 숫자의 역할을 강조했고, 플라토는 이상과 비물질적 사랑을 추상화했다.

비트루비우스는 화려한 코린트 양식에 한 어린 소녀의 이야기를 소개하면서 여성의 아름다움이 오너멘트에 포함되기 시작했다. 그는 당 시대의 새 건물 유형들과 둥근 천장의 콘크리트 기술 발전을 알고 있었지만, 헬레니즘 신전을 건물 가이드로 기록하며 건축 기둥 요소 "양식(order)"을 성문화하였다.

비트루비우스 책에서 중요한 주제 중의 하나는 건축 이론과 실제 지식의 숙달이다. 자유주의 예술로써 건축은 비트루비우스 아이디어의 특징이며, 건축가는 개인 재능과 실질 전문 지식을 소유하는 동시에 자유 예술에 광범위한 정보를 가져야 한다는 것이 그의 주장이다. 이 증가하는 지식은 건축에 더 융통성 있고 풍부함을 제공하기 때문이다.

그는 건축가가 소유할 여섯 특징으로 (i) 질서, (ii) 배열, (iii) 율동,

(iv) 대칭, (v) 적합, (vi) 경제를 제시했다[13]. 그의 책은 헬레니즘 지식에 관한 견해, 아우구스투스 로마 건축의 개인 비평과 야심 많은 그러나 불완전 정보를 통한 그의 창의력을 드러낸다.

> 후기 로마 공화국 문화의 여러 가지처럼 비트루비우스는 자신 있는 절충주의, 계승된 전통 존중, 외국적 성취에 선택적인 감탄, 그리고 이 영향들을 종합하기 위해 창조적인 개인 능력을 확신한다(로우랜드, 1999)[14].

레온 바티스타 알베르티, 르네상스

건축 기능에서 오너멘트를 분리하는 개념이 시작된 시기는 르네상스이다. 오너멘트는 처음으로, 레온 바티스타 알베르티(Leon Battista Alberti, 1404~1472)에 의해 설정이 내려렸다. 건축 이론에 관한 10권의 책 『De re aedificatoria(On Matters concerning Architecture)』(1452/1999)에서, 알베르티는 후세기 건축 원칙에 토론이 된 구조와 오너멘트 사이를 구분했다. 더하여, 건물은 그 기능에 맞는 설정 규칙에 합쳐야 한다는 주장으로, 르네상스의 전례로서 건축 실질 면과 오너멘트 응용을 다루는 비트루비우스의 책을 유일한 고대 출처로 다루었다.

그러나 두 이론가의 차이점은, 비트루비우스는 그와 그의 독자들이 쉽게 방문할 수 있는 로마 도시와 제국 식민지 건축을 이론화

---

13 Order, Arrangement, Eurhythmy, Contrast, Fitness, Economy.

14 Vitruvius, like much of the late Republican culture, exudes a confident synthesizing eclecticism, respectful of inherited tradition, selectively admiring of foreign accomplishments, and confident of personal ability creatively to synthesize these influences(Rowland, 1999).

르네상스 건축가 레온 바티스타 알베르티(왼쪽), Leon Battista(1804),
'Della pittura e della statua, Societa Tipografica de' Classi(오른쪽)

하는 데 열중했지만, 알베르티는 고대 학문 출처에서 묘사되거나
용감한 자만이 방문하는 유적 건물을 탐방했다. 그에게, 새 건축은
고대의 것처럼 엄숙하며, 인상적으로 학문 텍스트와 유적에서 유
래되지만, 결정적 표준은 텍스트나 파괴 유적이 아니고 자연 그 자
체이다.

　알베르티의 책 10권은 이탈리아 도시인들이 지방적인 고딕에 도
전하기 시작할 때 쓰였다. 그러므로 알베르티에게 어휘 "아름다움"
은 자연에 관한 현저한 작업의 반영이다. 아름다움은 건축가의 유
용성 주문에 내재하여 아름다움 뒤에는 유용이 남아 있다. 오너멘
트는 천상의 빛의 한 형태가 완성됨으로, 건축의 내재적 아름다움
과 유용에 부가 특징으로 건축에서 분리되지 않고, 아름다운 건축
질서를 눈에 띄게 한다.

　르네상스 건축에서 기둥은 구조적 보조로 선택의 자유이다. 따라
서, 알베르티의 고전 기둥 양식은 고대 건축에서 물려받은 아름다

움에 추가적 교군꾼(bearer)으로 잃어버린 황금 로마 도시의 정신을 띠게 하여 건물 지위를 높였다. 르네상스 건물에 인상적 건축 요소들은 성스러운 과거에서 내려왔음을 증명했다.

존 러스킨, 19세기 빅토리아 시기

오너멘트에 관한 이론에서, 어휘 "오너멘트"가 건축에 응용된 어떤 것 이상이라고 자주 변론된 것은 19세기였다. 이 시기는 오너멘트의 반동으로 가장 창조적인 시기 중의 하나이다. 동시에 오너멘트와 건축의 연관에 관한 이론 발전으로 계몽주의, 비합리에 합리적 승리 등 혼동의 시기였다. 인간 사고와 표현의 특징 재산으로서 오너멘트는 철학과 심리로 설명될 수 있었고, 오너멘트 법칙과 기능은 다소 공식화되며 그 제한이 지시되었다.

오너멘트는 그 자체의 특징이 역사와 함께 디자인과 건축의 한 영역이 되며, 또 목적을 가진다는 아이디어가 19~20세기 역사이론가 마음을 사로잡고 있었다. 왜냐하면, 새 도시 중류층과 노동 계급은 그들의 집을 꾸미기 위해 낮은 질에 값싼 대량 생산품이 급진적으로 증가하는 사회에 살고 있었다. 그 외에도 1851년 런던 대 전시회(The Great Exhibition)로 시작한 국제 전시회 시리즈가 소비자들에게 역사 오너멘트 핸드북을 가질 기회들을 제공하였다.

그 결과, 소비자들은 중세기 건물을 유물로 간주하면서, 그 속에서 오너멘트의 창의와 풍부함을 발견하였다. 오너멘트를 문서로 만들고 치수를 재며 수 세기의 무관심을 복원시켰다. 오구스투스 웰비 푸쟁(1812~1852)은 건물 상태를 기록하기를 "현재 스타일은 생산보다 적용이다. 그리고 오너멘트와 디자인은 건물 자체에서 유래하는 대신 적용되었다[15]."

오너멘트와 구조 간에 단절을 명확히 주장한 사람은 도덕주의 비평가 존 러스킨(John Ruskin, 1819~1900)으로, 그는 오너멘트를 디자인 원칙으로 가정하고 그 정의를 찾았다. 르네상스의 알베르티 이후로 건물을 옷 입힌 오너멘트는 그 의미를 속여, 건설과 기능에 이바지 하였다. 그러나 오너멘트는 오히려 자연의 상세함에 창조적 응용으로서 그 스스로 말할 수 있어야 한다.

당신이 오너멘트에서 취하는 그 즐거움을 당신이 건설이나 유용성에서 취한 것과 연결하라. 거기에는 연관이 없고 당신이 하나에서 다른 것으로 그 이유를 만들려는 모든 노력은 아름다움에 관한 당신의 감각을 둔하게 한다. … 이 세계에서 가장 아름다운 것은 가장 쓸모없는 것으로, 예로 공작이나 릴리이다(러스킨, 1857/1961)[16].

러스킨의 주장은, 만일 건설이 성실하였으면 오너멘트는 사용 개념과 타협하지 않아야 한다. 그는 이상적인 안내를 이탈리아 베네치아 고딕 작업에서 발견했다. 사회 도덕 조건은 오너멘트의 특징과 그것을 수행하는 수단으로 이해될 수 있어, 그런 면에서 고딕 오

---

15 Styles are now adapted instead of generated, and ornament and design adapted to, instead of originated by the edifices themselves.

16 Connect the delight which you take in ornament with that which you take in construction or in usefulness. They have no connection, and every effort that you make to reason from one tone to the other will blunt your sense of beauty... Remember that the most beautiful things in the world are the most useless; peacocks and lilies for instance(Ruskin, 1857/1961).

베네치아 고딕 두칼레궁(Doge's Palace)(왼쪽). 러스킨의 『The Seven Lamps of Architecture』,
"베네치아 두칼레궁의 낮은 아케이드 기둥머리"(오른쪽)

너멘트는 자연에서 영감 받은 예술가들이 만들었고 기독교 표현에 청렴의 도덕성을 가진 이유이다.

더하여 중세기 예술가들은 그들 성격과 작업에 원시적이고 무지하고 서툴지라도, 건물 표현에 자유롭다. 러스킨은 『The Seven Lamps of Architecture』(1857)에서 예술가가 돌을 다듬을 때 행복했는지를 묻는다. 진실하고 고귀한 고딕 조각은 사려 깊고 행복한 예술가들이 창조하였기 때문이다. 그는 고딕 성당을 장식한 아름다운 잎에서 예술가의 즐거움을 칭찬했고, 그리스 오너멘트는 그들 대가에게 복종한 후배 예술가들의 맹종임을 비난했다. 러스킨은 관망사의 감정보다 지성을 위한 르네상스 오너멘트에 반대하고, 교육받은 저능의 지친 전시회라 비평했다. 이것은 당시 해양 제국 영국을 경고하는 교육과 도덕 주제를 밑바탕으로 한다.

오너멘트 이론에 여섯 명제를 나열하면:[17]

---

17 Proposition 1: Gothic and Roman construction is nobler than Greek one. Building an arch,

(명제 1) 고딕과 로마 건설은 그리스의 것보다 더 고귀하다. 아치, 둥근 천장, 혹은 돔을 건설함은 공간 위에 평평한 돌이나 갑판 보로 덮는 것보다 더 고상하고 독창적 작업이다.

(명제 2) 장식은 건축의 주요 부분이다. 건물의 최고 고귀성은 그 건물이 잘 세워짐이 아니고 그것을 고귀하게 조각하고 칠함이다. '그러므로 장식은 예술의 한 주제로 간주되며, 건축의 주요 부분이다.'

(명제 3) 장식은 눈에 보여야 한다. 장식은 건물의 정해진 장소에서 그것의 특질이 명확하고 완전히 보임으로써 효과의 지식과 디자인의 힘을 요구한다.

(명제 4) 장식은 자연스러워야 한다. 그것은 어느 정도 자연 대상

---

vault, or dome is a nobler and more ingenious work than laying a flat stone or beam over the space to be covered.

Proposition 2: Ornamentation is the principal part of architecture. The highest nobility of a building does not consist in its being well built, but in its being nobly sculpted or painted. 'Ornamentation is therefore the principal part of architecture, considered as a subject of fine art'.

Proposition 3: Ornamentation should be visible. Ornamentation, with all its qualities clearly and entirely visible in its appointed place on the building, requires knowledge of effect and a power of design.

Proposition 4: Ornamentation should be natural. It should in some degree express or adopt the beauty of natural objects. 'All noble ornament is the expressions of man's delight in God's work'. Bad decorators were imitating and forgetting nature.

Proposition 5: Ornamentation should be thoughtful. The expression of thought will be the noblest quality in what he produces in his brush, inasmuch as the power of thinking and of feeling is the noblest thing in a man.

Proposition 6: Gothic ornamentation is nobler than Greek one. So, Gothic architecture is the only one which should now be built.

물의 아름다움을 표현하거나 채택해야 한다. '모든 고귀한 오너 멘트는 하나님의 작업에 더하여 인간 즐거움의 표현이다.' 나쁜 장식가는 자연을 모방하고 자연을 잊고 있다.

(명제 5) 장식은 사고가 깊어야 한다. 사고와 감정의 힘이 인간에게 가장 고귀한 것만큼, 사고의 표현은 그가 그의 붓으로 생산하는 것에서 가장 고귀한 특질이다.

(명제 6) 고딕 장식은 그리스의 것보다 더 고귀하다. 그래서 고딕 건축은 현재 세워져야 할 유일한 것이다.

아돌프 루스, 20세기

아돌프 루스(Adolf Loos, 1870~1933)가 쓴 『Ornament und Verbrechen (Ornament and Crime)』은 20세기 오너멘트에 관한 루스의 철학에 핵심적 텍스트이다. 이 기사는 사치스러운 아르누보에 대항하여 베를린의 『Der Sturm』(1902) 리뷰에 발행되었는데 이 잡지는 아방가르드 표현주의자와 연관된다. 루스의 주요 비평들의 하나는 경제 문제로, 현대 산업 문명에서 목적, 비용, 생산 문제를 통하여 오너멘트의 부조리를 논박함이다.

오너멘트가 더 우리 문화의 자연 산출물이 아니고, 후진성의 징후 혹은 퇴보의 표명을 대표함으로써 결과로 오너멘트를 생산하는 노동자는 더 그의 일에 정당한 가격으로 보상받지 못한다(루스, 1902/1998)[18].

---

18 Since ornament is no longer a natural output of our culture, and therefore represents a phenomenon of backwardness or a manifestation of degeneration, the result is that the worker who

장식은 노력과 건강의 낭비로, 대상물의 특질은 그 생산에 필요한 시간, 경비, 기술로 평가되어야 한다. 오너멘트의 제거는 사회경제를 도우면서 실용품 대량 생산을 단순화한다. 장식과 문화 간에 본질적 연관이 없으므로 오너멘트는 재료와 자본 낭비이다.

루스는 오스트리아 빈의 골드만과 사라취(Goldmann & Salatsch) 숍 파사드에서 네오-클래식 몰딩을 제거하고 과장된 장식을 천박하게 여겼다. 19세기 러스킨과 영국 디자인 개혁자들은 야만적이고 이국적 공예 전통에 우월성을 두었는데, 산업 시대에 오너멘트의 열등감은 고등 문명화의 현상 탓이다. 루스는 1898년 기사에서 "인간이 덜 문명화될수록 오너멘트와 장식에 더 방탕하다"고 주장했다[19].

루스의 다른 주장은 심리 면에서 오너멘트를 이해하려는 당시 사고에 동의한다. 오너멘트는 관능적 표현을 위해 인간의 가장 깊은 욕구를 감추려는 승화된 퇴행적 향수를 드러낸다. 그것을 장식하는 재료들의 기본 특질을 기만, 부정함으로써 루스는 모든 스타일 장식에 논란을 일으켰다.

> 한 어린이는 도덕과 관계가 없다. 파푸아인 역시, 우리에… 파푸아인은 그의 피부를 문신으로 감추고, 그의 배, 그의 노, 요컨대 그가 손을 놓을 수 있는 모든 곳이다. 그는 범죄자가 아니다. 현대 인간이 스스로 문신을 하면 그는 범죄자이거나 타락한 자이다… 인간의 얼굴과 손이 닿을 수 있는 무엇이든 장식하려는 충동은 예술의 기원이다. 그것은 어린이의 유치한 그림이다. 그러

---

produces it is no longer paid a fair price for his work(Loos, 1902/1998).

19 The less civilised a people is, the more prodigal it with be with ornament and decoration.

나 모든 예술은 관능적이다(루스, 1902/1998)[20].

빈 미카엘플라츠의 루스하우스

19세기의 오너멘트를 특징짓는 견해는 세 요소로 압축해볼 수 있다. (i) 현대화는 기계 모방품을 대처하면서 예술인을 실업자로 만든다는 위협 인식이다. 저가의 가격은 많은 양의 모방을 허락하고 형편없는 노동 기술은 삶의 질을 저해했다. (ii) 오너멘트는 시각적 즐거움만이 아니고 즐거움을 가능케 하는 모든 것을 위한다. 처음으로 사람들은 오너멘트의 중요성에 대해 이야기하여, 따라서 올바른 오너멘트는 서양 문명이 살아남게끔 도울 수 있다. (iii) 서구 사회는 그 자체의 오너멘트 스타일을 소유하지 않아, 고전과 고딕 오너멘트의 부흥이 이 시기의 요구를 만족시켰다.

루스는 전통 오너멘트의 변경이 당 시대의 새로운 요구에 대답하지 않음을 알았지만, 다른 사람들은 오너멘트가 현대화에 대항하는 한 보호되어야 한다고 주장했다. 20세기 그의 현저한 위치에도, 현대화하는 세계에서 더 나은 삶을 위한 응용 예술의 중요성에 루스의 믿음은 19세기 사회 미학에서 유래하였다.

---

20 A child is amoral. The Papuan too, for us… The Papuan cover his skin with tattoos, his boat, his oars, in short everything he can lay his hands on. He is no criminal. The modern person who tattoos himself is either a criminal or a degenerate… The urge to decorate one's face and anything else within reach is the origin of the fine arts. It is the childish babble of painting. But all art is erotic(Loos, 1902/1998).

02

오너멘트 역사

이집트

고대 이집트 역사(BC 4000~340)는 상류 이집트(Upper Egypt)와 하류 이집트(Lower Egypt) 통합 후에 시작한다. 번성과 중앙 집중 권력으로 세 개의 시대(구왕국, 중왕국, 신왕국)로 나뉘며 그사이 세 왕조는 예술로 번창하였다. 이집트인의 규칙, 질서 생활은 디자인에도 반영되어 정확하고 위엄 있다. 오너멘트는 단순하고 정교하며, 자연과 기하 형태를 사용하고, 컬러에 있어 레드, 옐로, 블루 컬러에 그린, 블랙과 화이트 컬러로 강조하며 음영이 없도록 평평하게 처리하였다.

모티프는 동식물로 후자의 경우 로투스와 파피루스, 나중에 종려나무가 더해졌다. 비옥과 생식을 상징하는 로투스는 여러 버전으로 묘사되었다. 후기 왕조에 들어서면서, 건축적 풍부함은 인물 형상, 새, 꽃 윤곽, 프리즈의 겹친 밴드로 나타난다. 기하는 지그재그, 셰브런이며, 서클은 로제트와 나선 처리에, 프렛은 윤곽에 나타났다.

이집트 문명은 나일강이 없이는 불가능하다. 강에 봄이 오면 로투스는 농업의 풍요를 예언한다. 제사장들은 로투스를 신의 존재로 숭배하여 이 모티프는 성스러운 건축에 뚜렷이 표현되었다. 이집트 건축은 창조의 거울이며 감각적 지각에 뿌리박은 예술 표현이다.

신들의 집 신전은 세계의 재현이며 창조 모델로, 신성한 영역을 둘러싼 진흙 벽돌은 원시적 물을 대표하고, 하이포스타일(hypostyle) 홀의 반 어둠 속에 담긴 파피루스, 로투스, 종려 기둥머리는 최초의 습지식물을 상징한다. 신전 외부 벽도 스타일화 식물 모티프로 장식하였다.

사냥과 낚시의 낙트(Nakht) 무덤, 테베 18왕조

이집트 신전의 정경은, 나는 믿기를, 단지 사회제도와 지배적인 숭배 예식(혹은 차라리 공식 숭배 예식)의 교조를 반영할 뿐 아니라, 신전 장식과 실내 배열은 또한 자연 실제의 재창조를 향한 두드러진 경향을 전시한다. 이집트 신전은 이집트 땅의 성질이지, 상상의 것이 아니다(미카로우스키, 1968)[21].

존스(1856/1972)는 이집트 오너멘트를 세 유형으로 나눈다. (i) 구조적, (ii) 양식화 재현, (iii) 단순 장식이다. 그리고 오너멘트는 아이디어, 암시와 상징 메시지를 함유한다. 재현적 예술은 종교 믿음과 엮여 있고, 오너멘트는 주로 종교 목적으로 신전, 제물, 제사장을 장식한다.

예로, 구왕국(BC 2780~2680) 무덤에서 식물 줄기 다발을 감싼 가느다란 기둥 축 꼭대기에 달힌 로투스 꽃이 있다. 파피루스가 창조와 태양으로 연결되며, 열리고 닫힌 로투스 꽃은 태양신의 통로로 기둥에 전시되었다. 로투스는 창조의 원시 대양을 상징하고, 태양신 레(Re)는 로투스 꽃에 기댄 형상으로 자주 묘사되었다.

이집트 기둥머리에 몇 그룹이 있다. 단독-송이를 이루는 싹, 단독-복합 벨(Campaniform), 종려(Palmiform), 하토르(Hathor)로, 이 중에 싹 기둥머리가 가장 인기이다. 벨은 카르낙과 라메세움의 하이포스타일 홀 중앙 통로에 나타나며, 복합 벨, 종려와 하토릭은 기원전 300년 프톨레미 왕조에서 자주 사용되었다.

---

21 The canon of the Egyptian temple reflects, I believe, not only the social system and the dogmas of the prevailing cult(or rather official cults); the temple decorations and the interior arrangement also exhibit a marked tendency toward the realistic re-creation of nature. The Egyptian temple is an image of Egypt's earthly nature, not of imaginary(Michalowski, 1968).

출산 여신 하토르–파피루스–로투스의 필레 이시스 생가, BC 380~362(위 왼쪽). 카르낙의 로투스: 파피루스와 로투스 싹은 상류와 하류 이집트의 각각 문장(위 오른쪽) 파피루스–종려(아래 왼쪽), 파피루스–로투스(아래 오른쪽)

오웬 존스의 『The Grammar of Ornament』(1868)

로투스

이집트 예술에서 로투스는 두 종으로, 둥근 싹과 꽃잎이 화이트 컬러인 로투스(*Nymphaea lotus*)와 뾰족한 싹과 좁은 꽃잎의 블루 컬러 로투스(*Nymphaea caerulea*)가 묘사되었다.

햄린(1916)의 견해는 이러하다. 로투스는 이집트에서 신성으로 간주되며, 종교와 왕궁 예식에 가장 많이 묘사되는 아름다운 꽃이다. 화이트 로투스와 블루 로투스 둘 다 나일강과 강의 범람을 다스리는 태양신을 상징한다[22]. 그리고 굳이어는 『The Grammar of the Lotus』(1892)에서 로투스를 거의 모든 역사에 나타나는 오너멘트로 간주하며 이집트 오너멘트 기초로 확신시키려 했다. 햄린은 이 주장에 반대하나, 이집트 오너멘트의 상당 부분이 로투스 근원과 연결됨을 인정했다.

실제, 로투스의 인기는 그것의 파생과 상징에서 찾을 수 있다. 로투스 꽃잎은 밤에 닫히고 아침에 다시 열려, 태양의 상징으로 그리고 나중 생의 재보증이 되었다. 태양 숭배의 헬리오폴리스(Heliopolis)에서 제사장들은 우주 근원을 태양신으로 인간화한 레가 원시적인 물에서 자라는 로투스에서 나타남을 가르쳤다. 석양이 되면 신은 꽃잎을 접는 꽃으로 들어가며, 다음 날 아침 꽃잎이 열릴 때 재탄생한다.

---

22 이집트학 학자 플린더스 피트리(1853~1942)는 로투스의 신성 상징을 부정한다.

불교 로투스

인도 로투스(*Nelumbo nucifera*)는 핑크, 화이트, 혹은 블루 컬러로 꽃을 피우며, 15~20cm 지름이고, 물 표면에 뜬다. 세켈(1964)은, 불교 마하야나 예술에서 거의 모든 것이 상징임을 지적하는데, 특히 로투스는 불교 아이코노그래피에 우월한 위치를 자랑한다. 로투스 꽃은 모든 인간과 물체에 자연의 본질을 묘사하고 깨달음에 이르고자 현혹에 물들이지 않아, 부다의 왕관이며 만다라의 중심이 되었다. 줄기는 "세계의 축(axis mundi)"으로 이집트의 로투스와 같은 상징을 가지며, 꽃잎은 밤에 닫히고 아침에 태양과 함께 열려 죽음과 재생을 제시한다.

로제트 꽃에 싸인 불꽃 팔메트와 로투스의 알라하바드 기둥 프리즈, 아소카가 세운 보디 가야(위 왼쪽), 아소카 람푸르바 기둥머리의 아바쿠스, BC 3(아래 왼쪽), 페르세폴리스의 아파다나에 로투스와 생명나무(오른쪽)

부다와 보살의 이미지는 스타일화된 로투스 꽃으로 불교를 의미하는데, 한 예로, 사르나트에 위치한 사자 기둥머리는 왕 아소카(BC 268~232)가 세운 것으로, 이곳은 부다가 다르마 교리 "Wheel of the Law"를 처음 가르친 장소이다.

사르나트의 아소카 돌기둥, BC 3(왼쪽), 페르세폴리스의 로투스 기둥머리와 동물의 아카메니드 기둥으로, BC 6~4, 아마 사르나트가 영감의 원천(오른쪽)

기둥머리에 네 동물(코끼리: 동쪽, 말: 남쪽, 황소: 서쪽, 사자: 북쪽)은 부다의 가르침을 대표한다. 인도의 베딕 시기에 각각 동물은 세계의 네 구석에서 진실한 법칙을 의미하기 위한 태양 축과 교차했으며, 벨 유형의 기둥머리는 로투스에서 유래, 페르시아 아카메니드와 인도 마우라 왕조들의 상징과 연결한다. 기둥 스타일은 인도의 것이 아니지만, 아이디어는 특수한 인도 불교의 특성이다. 그리고 인도의 종교적 기념물에서 예술의 기능은 마술과 길조로, 단지 건축 장식이 아니다.

파피루스

파피루스(*Cyperus papyrus*)는 나일강 삼각주의 조밀한 숲에 자라며, 잎이 없는 가지에 큰 꽃송이가 달리고 5m 높이다. 생의 상징으로, 파피루스 줄기와 꽃송이는 상형문자 M13 부적에 나타났다. '그린'을 대표하여 융성, 기쁨, 젊음을 의미하고, 여러 신과 연결하여 지팡이를 짚은 신들 모습이 자주 벽화에 나타난다. 굳이어(1892)는, 장식적 로투스 모티프와 그 회화적 재현은 파피루스에서 기원하였음을 주장한다. 이 점에 햄린(1916)은 "사실이다, 여러 형태는 집합으로 두 유형이 하나로 되었다[23]"고 동의했다.

상류 이집트 룩소르, 더반 네크로폴리스 일부로 라메세움 파피루스 벨 기둥과 열린 기둥머리

구왕국 왕 조세의 장례 건물에서 파피루스는 튤립 기둥머리로 벽에 반쯤 묻힌 3/4이 기둥에 나타났다. 그것의 수직과 쐐기 모양의 교차에서 꽃송이와 스타일화된 파피루스 줄기를 추적할 수 있다. 헤브세드 안마당 북쪽 건물에 상류 이집트 왕국을 대표하는 파

---

23 It is true, many forms in which, by convergence, the two types are blended in one.

피루스 기둥이 있다. 중왕국 시기 동안, 카르낙 신전 안마당과 현관에서 파피루스는 하늘을 향해, 천국을 지붕으로 바꾸며 인간이 세운 신전을 우주 부분으로 만든다.

> 파피루스의 뻣뻣한 직선형의 삼각형 줄기는 뿌리 잎이 약간 굵은 줄기를 감싸고 있으며, 많은 기둥과 종 모양의 축에 모방하여 종종 양식화한 로투스와 교대한다. 줄기에는 작은 꽃이 많고 줄기와 4잎의 포엽 혹은 꽃받침에서 자라는 붉은 꼭대기에 녹색 꽃실을 형성한다. 이들은 오너멘트에 여러 벨 형태를 제시, 카르낙 하이포스타일 홀의 것들처럼 큰 벨 기둥 형태의 기둥머리들을 포함한다(햄린. 1916)[24].

종려나무

대추야자의 분기인 종려(*Phoenix dactylifera*)는 고대 이집트의 햇수를 기록하는 표준으로 사용되었다. 구왕국에서 종려 가지 상형문자는 "renpet(햇수)"와 "ter(시간, 계절)"의 단어들로, 그리고 중왕국에서 아이코노그래피 모티프로 사용되었다. 종려 가지는 '영원'의 신 헤(Heh)가 인간화된 상징으로, 그는 머리에 'renpet' 기호와 각 손에 새긴 눈금의 종려 가지로 자주 묘사되었다. 시간을 뜻하는 종려 가지는

---

24 The papyrus' straight, stiff triangular stem with four root-leaves wrapping its slightly swelling base is imitated in the clustered shafts of many columns and on bell-capitals, often alternating with conventional lotus. The stem bears a bunch of tiny flowers, forming with their stems a group of green filaments with reddish tops, growing out of a calyx of four leaves or bracts. These supply the suggestion for many bell-shaped forms in ornament, including the great campaniform capitals of huge columns like those of the Karnak Hypostyle Hall(Hamlin, 1916).

암호에 나타냈고, 특히 5왕조에 종려 기둥은 신전에서 우세했다.

> 이집트의 종려나무 숲의 우뚝 솟은 줄기를 바라볼 때, 고대 이집
> 트 건축가들이 천국처럼 보이려, 별들 밑에 장식 돌 석관 형태로
> 성전 지붕을 지탱하는 기둥의 아이디어를 위해 영감을 얻었음을
> 상상하기 힘들지 않다. 종려 기둥은 돌로 변하고 그것은 하늘을
> 지붕으로 하는 나무이다(빌둥, 2001)[25].

콤포지트 기둥머리

프톨레미 왕조의 꽃 기둥머리는 부유한 아이코노그래피와 균형을
가진 스타일로 정점에 이르렀다. 이 콤포지트 기둥머리는 다양한
꽃 배합에 파피루스 싹의 여러 층으로 만들어져, 후기 바스켓 기둥
머리를 창조케 했으며 초기 기독교 예술의 프로토타입이 되었다.

프톨레미와 로마 통제 아래 필레 이시스 신전에 릴리프 장식
이 완성되었으며, 이시스 생가의 하토르 콤포지트 식물 기둥머리
는 성전을 미화한다. 1838년 상류 이집트에 위치한 에드푸 신전(BC
237~57)을 방문한 데비드 로베츠는 다음과 같이 썼다.

> 큰 안마당으로 향하는 여섯 기둥을 가진 현관은 아마도 이 신전
> 에서 가장 유령 같은 부분이다. 확실히 최고 복합 형태 기둥머리

---

25 When looking at the towering trunks of an Egyptian palm grove, it is not hard to imagine
where the Ancient Egyptian builders drew inspiration for the idea of a column supporting a
temple roof in the form of a stone slab decorated on the underside with stars, to look like the
heavens. The palm column is turned into stone, it is the tree over which vaults the sky(Wildung,
2001).

에 프톨레미 취향을 전시하며, 고전 디자인과 완전히 다르다. 입구 쪽에 가까운 2개는 로투스 꽃이고 중간에 하나는 대추야자 잎으로 장식, 바깥쪽 하나는 이파이네 티바이카로 그 지역의 전형적인 종려 엽상체에서 영감 받았다. 그 안에 12 기둥은 쌍으로 천장을 지탱하려 배열되고, 또다시 기둥머리들은 다양한 모양들을 대표한다(데비드 로베츠, 1938: 부봉에 의해 인용, 1996)[26].

---

26 The pranoas, with six columns facing onto the great courtyard, is perhaps the most spectral part of Ptolemaic taste for capitals of highly complex forms, quite different from the classical designs; the two nearest to the portal area shaped like louts flowers, the ones in the middle are decorated with date-palm leaves, and the outer ones are inspired by the fronds of Hyphaene thebaica, a palm tree typical of the region. Inside, 12 more columns arranged in pairs support the ceiling; here again, the capitals represent a very wide variety of shapes(David Roberts, 1838; Bourbon, 1996).

그리스

이집트 장식의 우세한 컬러에 비교해, 그리스는 윤곽, 빛, 그림자를 통한 형태를 중시한다. 그리스인들은 라인과 형태의 순수미에 관심 가졌고 종교, 상징 혹은 재현에서 멀리하였다. 디자인과 오너멘트는 위엄을 지니며, 생동과 활력, 프로포션의 정교함, 우아함, 리듬,

파르테논 신전의 도릭 양식(왼쪽), 아테네 에레크테이온 신전의 아이오닉 양식, BC 5(오른쪽)

올림포스 제우스 신전의 코린트 양식

스타일화는 그리스인의 자연에 대한 날카로운 주시를 증명한다. 그리스 오너멘트는 (i) 라인의 단순성, (ii) 부분적 방사, (iii) 비대칭, (iv) 통합, (v) 상세 특징의 디자인이다.

세 건축 양식인 도릭, 아이오닉, 코린트의 발명 외, 그리스 모티프는 이집트처럼 다양한 숫자 배합에 독창적으로 프렛, 사행, 파도, 스크롤, 홀수-짝수 나선, 곡선, 로제트, 기로쉐, 안테미온 등등으로 나타난다. 식물은 아칸서스, 로투스, 바인, 아이비, 올리브이고, 동물, 새, 과일과 린소도 더하였다.

예로, 아크로폴리스 파르테논 신전(BC 454~438)은 익티노스와 칼리크라테스의 건축과 페이디아스의 조각으로 유명하다. 단순한 도릭 양식에 컬러가 조각과 장식에 더하여지며, 천장 패널은 골드로, 로제트와 별은 블루 컬러로 강조되었다. 바세 아폴로 에피쿠리우스 신전(BC 430) 프리즈는 생동과 움직임으로 그리스와 아마존의 투쟁을 묘사했다. 파르테논 프리즈의 위엄과 자제가 여기서 풍부한 모형화를 이루었고, 라인과 정력으로 대치되었다.

프리즈는 아시리아와 그리스 특성으로 사건의 계속성과 리듬의 연속을 만들어 기둥 밴드와 함께 고대부터 장식되었다. 수사 궁의 궁수 프리즈(BC 405)는 루브르박물관에 보장되었고, 그 아이디어의 위엄과 구성 통합이 릴리프 모형화와 겸비하며 블루, 터키즈, 옐로 컬러로 칠해졌다. 그리스 장식에 나타난 안테미온은 그것의 추상적 표현에서 초기 로투스와 달리 상징이 부재하나, 구성의 아름다움, 부분 통합과 균형을 이루며 돌 기념비, 아이오닉 기둥, 천장 패널, 꽃병에 주로 장식되었다. 이집트와 아시아의 전형들처럼 그리스 안테미온은 꽃과 싹의 교차 배열로 이중 나선 혹은 곡선으로 연결하여 그리스 공예 문화 완성을 제시한다.

코라직 모뉴멘트 리시크라테스의 아칸서스

　다른 특징 모티프는 후기에 발전한 아테네 아크로폴리스 가까운 코라직 모뉴멘트 리시크라테스(BC 335)에 나타난 V 부문 스크롤이다. 뾰족한 아칸서스 잎 스크롤은 나선 시리즈로 이들 연결점은 잎집이나 꽃으로 덮였고, 나선 자체는 종종 잘렸다. 로제트는 초기 모티프로 기원전 1600년 크레테에서 발견, 원형과 방사하는 디자인으로 장례 돌 기념비에 장식되었다.

로마

로마 제국은 계속된 전쟁과 정복으로 여러 다양한 출처에서 건축 장식 스타일이 생성되었고, 특히 그리스 양식에 투스칸과 콤포지트 양식을 첨가했다. 훌륭한 군사 국가 로마는 건물, 댐, 도로를 세웠고 그리스 예술을 로마 아이디어에 변경시켜, 상세함이 풍부하다. 솔직함과 단순성은 사라졌고 우아하고 극적이다. 로마는 신을 봉헌하는 그리스에 비교해 자신의 아름다움을 이상화하며, 건축 장식으로 벽기둥과 화려함을 위해 목욕탕과 공공건물의 사각 패널 천장을 개발했다.

기술과 공예를 자랑하는 트라얀 바실리카(AD 114) 대리석 기둥은 투스칸 양식으로 로마와 다시안 전쟁을 재현하고, 황제 아우렐리우스 기둥(174)은 마르코만니와 싸우는 주제이다. 이 풍부한 모티프 조각과 모자이크는 로마인의 위대함과 사치를 제시한다. 오너멘트는 그리스와 에투루스칸의 계속으로 아칸서스, 스크롤, 안테미온에 새, 파형 동물, 큐피드, 그리핀이 참가하였다. 아칸서스 나선은 정교한 잎으로 덮여 로제트로 끝맺거나, 바인, 올리브, 아이비와 함께 린소를 이루었다.

판테온(113~125) 기둥머리는 올리브 잎, 셉티무스 세베루스(203)는 톱니 잎, 기원전 1세기 초에 세운 티볼리 베스타 신전은 파슬리 잎으로 장식하였다. 보편적인 장식은 끝이 무딘 아칸서스 잎으로 그 아이디어와 수행에 있어 대담하고 정력적이다.

로마 판테온 신전. 파니니가 그린 18세기 그림으로 비트루비우스 건축의 증거

초기 기독교

고대 예술의 쇠퇴는 정치 쇠약, 서로마 멸망, 기독교의 이교도 승리에 기인한다. 예술은 종교 단체의 보호 아래 발전하여 다른 종교와 조화할 수 없지만, 기독교는 고대 잔재를 기독교 이념, 취향 그리고 필요에 맞는 스타일로 변경하였다. 황제 콘스탄티누스가 밀라노 칙령(313)으로 기독교를 국교화할 때까지 로마 전통을 지닌 예술가들은 이교도에서 기독교로 전향하는 새 예술을 창조했다. 또, 그리스 영향 아래 콘스탄티노플 동로마(312~337)는 서로마와 분리되며 "비잔틴"으로 불렸다.

기독교 숭배의 장으로 이교도 신전과 목욕탕 홀이 사용되며 점차 바실리카 교회가 발전했는데, 직사각 플랜으로 본당(nave) 끝에는 반원형 후진(apse)이 있고, 앞편에는 앞마당 아트리움(atrium)이 있다. 아트리움은 지붕을 가지며 중간은 열려 로마 집의 아트리움 같다. 옆은 나르텍스(narthex)로 교회를 안내한다. 본당은 두 통로를 가지며 횡단 통로에 트랜셉트(transept)가 놓여 있다. 기둥 열에 실내를 밝게 하는 채광창(clearstory)이 있다.

초기 바실리카 후진 천장은 종종 창문이 없어, 성경 주제를 골드 모자이크로 대치하였고, 그 바닥은 본당보다 약간 올려 계단으로 접근되었다. 좌석은 후진 주위에 놓였고, 중간에 교주 성좌가 있다. 본당의 한 부분은 사제들이 앉는 좌석으로 칸막이로 가렸고 양쪽 끝에 설교 제단(ambo)이 놓였는데, 순교자 무덤 토굴(crypt)의 위이다. 본당은 세 개의 입구 문을 가진다.

초기 라벤나 클라세 상 아폴리나레(505)는 옛 로마 건물에 세워져, 짧은 기둥들은 바닥에 올려졌고 긴 기둥들은 새 위치에 맞추어 잘 렸다. 더하여, 로마 멸망 후에 상 피터, 상 폴, 산타마리아 마조래와 가난한 교회들은 건축에 무관심하였고, 벽과 천장 모자이크에 골드 와 밝은 컬러로 장식했다[27].

산타 콘스탄차 내부

첫 기독교 상징 언어는 카타콤 벽화가 증명하는데, 신자들은 처 형과 순교로 고통당하며 종교의식은 비밀히 진행되었다. 로마와 나 폴리 근교 석회암의 비밀 묘지 카타콤 벽과 천장에는 매장 장면과

---

27 상 피터 바실리카는 상 피터 묘지 위에 세운 순례지이다. 교황의 예식에 사용, 이름은 the "Pa-pal Basilica of Saint Peter in the Vatican." 벽 바깥의 상 파울 바실리카는 오스티아 길에 있다. 파울의 묘지로, the "Papal Basilica of Saint Paul Outside the Walls"이다.

상징으로 그려져 있다. 물고기는 그리스어로 "예수 그리스도", "하나님 아들", "구세주"이며, 사이프러스 나무는 죽음과 무덤, 죄 매장을 뜻한다. 기독교 상징들은 로마 이교도에서 사용된 모티프들로 신 박카스를 의미하는 바인은 기독교에서 그리스도 말씀 "나는 바인이다(요한복음 15:5)"의 재현이다. 로마 희생 식의 관과 꽃줄도 기독교 장례식에 사용되었다.

바실리카 벽과 천장의 글라스 모자이크가 차츰 그림과 패턴으로 대치되면서, 로마에 초청된 콘스탄티노플 예술가들은 납 유리에 컬러와 골드, 실버의 기하 모자이크로 페인팅을 승화시켰다.

카타콤은 이교도 이미지를 꺼려 그리스도 모노그램과 상징으로 그리스 문자 알파와 오메가를 사용했다. 그리스도가 로마 신의 위치로 대치되면서, 로마 신화에 기독교 의미가 가해져, 그리스도는 상 아네스에서 "선한 목자"로 이교도 신 헤라클레스이며, 상 칼리스투스에는 음악으로 자연을 홀리는 오르페우스이다.

4세기 후~5세기, 고대 이교도적 영혼이 사라지고 그리스도의 위엄과 신성이 상 폰지아노에서 표현되었다. 후진 모자이크는 그의 헌신을 강조하려 장식을 억누르고 글자 밴드로 채웠다. 그런데도 산타 콘스탄차 천장 모자이크에 상징 바인과 덩굴은 이교도 모티프로 처리되었다.

비잔틴

기독교 국교화에 따른 새 정치 변화와 빠른 기독교 전파는 교회와 공공건물 장식에 추진력을 주었다. 비잔틴 예술은 둥근 천장의 새 유형과 컬러와 표면 장식에 논리 구조와 순수 형태의 서양 취향과 화합해 황제 유스티니아누스(527~565) 아래 절정에 이르렀다.

오너멘트는 상징으로써 사용되며, 십자와 서클 모자이크는 여러 유형의 잎과 기하로 배합하였고, 꽃 기둥머리는 베시카, 서클, 릴리로 구성되었다. 천국 영광이 돔 후진에서 재현되고, 거룩한 예배는 십자가 놓인 중심으로 이루어져 왜 돔과 십자가 기독교 건축에 중요한지를 충분히 설명한다.

최고의 건축 예술은 유스티니아누스가 세운 상 소피아(538)로 돔 건설의 실험이다. 사각 플랜에 반 돔은 아치와 돔 사이의 팬던티브로 지탱되며 컬러 모자이크로 치장하였다. 뾰족한 그리스 아칸서스 잎, 서클, 십자, 바인 덩굴, 비둘기의 배합에 공작과 인물이 나타났다. 베네치아 상 마르크 난간은 인터레이스, 기로쉐, 서클이 릴리프로 조각되며, 새로운 특성으로 아치를 지탱하는 기둥의 임포스트 블록에 모노그램, 십자와 양이 삽입되었다. 기둥머리는 아이오닉과 코린트 양식에 바스켓 패턴으로 만들었다.

고대 로마가 음영을 릴리프에 응용함에 반대하여, 비잔틴은 컬러 장식과 에칭으로 표면의 돌출과 홈이 생김을 감소시켰다. 대리석 내장과 포장은 큰 프레스코로 석고 재료도 가끔 사용되며, 아칸서스와 린소 잎줄기는 팽팽해지고 엽 모양은 뾰족하다. 린소에 칼릭스 꽃과 카우리콜리는 제거되고 잎은 평평한 배경에 레이스 효과를 이루었다.

모스크가 된 상 소피아(1852), 가스파레 포사티와 루이 아귀의 일러스트레이션

무엇보다, 비잔틴 장식의 찬란함은 이미 언급한 모자이크로, 돔과 원형 천장의 오너멘트의 단장이다. 바인은 성배에도 묘사되고, 진귀한 금속이 십자에 박혔다. 무덤과 신비한 매장을 각각 상징하

는 사이프러스와 안테미온에 영혼을 의미하는 공작의 참여는 북쪽 롬바르드지방 스타일의 영향을 제시한다. 아이코노그래피에서 삼위일체는 최고의 위치를 차지하는데, 십자는 5서클과 배합하여 신성을 뜻하며, 중심은 그리스도, 주위는 네 복음 전도사로 천사, 사자, 소, 독수리 이미지가 종종 대처하였다.

상 소피아의 비잔틴 기둥머리로 표면에 레이스 효과가 뚜렷하다.

양식화된 잎과 스크롤워크는 비잔틴 장식을 대표한다. 초기 비잔틴의 예술에 관한 배타적인 편견이 극복되면서, 포괄적인 장식 스타일이 발전하였으나, 고대 전통을 보존했고, 동물과 인물도 규정된 컬러와 프로포션에 상징을 내포한다.

로마네스크

로마네스크 양식은 비잔틴에서 고딕 사이의 9~13세기로 고대 로마 예술에서 발달하였다. 이 시기는 전쟁, 기근, 전염병이 유럽을 황폐화시켰고 모슬렘 아랍은 시칠리아와 스페인을 침략, 프랑스를 위협했다. 교회는 이 혼란에 최고 권력과 신성을 주장하며 주요 성명을 통해 국민에게 호의를 보였다. 불안한 영주들은 토지와 돈을 수도원에 기부하여 전쟁을 피했고, 부유해진 수도원들은 예술과 배움 터가 되었다.

황제 샤를마뉴(742~814)는 카롤링거 제국 설립 후 아헨을 거주지로 동, 서로마의 모든 유형의 예술가를 초청하였는데, 그 결과로 로마네스크는 고대 건축에 비잔틴 예술의 배합으로 나타난다. 황제의 죽음 후 예술은 11세기 종교 열성의 십자군으로 다시 자극받을 수 있었다. 그사이, 승려들이 세운 조잡한 초기 건축 스타일은 유럽에 퍼지며 그 나라 성격으로 변화되었다. 더하여, 지역에 따라 다르게 나타난 로마네스크는 비잔틴 콘스탄티노플이 여전히 마뉴스크립, 상아조각, 금세공, 자수로 유럽에 확장된 탓이다.

10세기 로마네스크 교회는 바실리카 플랜에 아치의 보편, 앤터블래처의 부재, 롬바르드장식으로 특징짓는다. 비잔틴의 평평한 표면과 달리 로마네스크 건물은 조각으로 이루어지고 깊은 커팅과 돌출, 빛-그림자 효과를 최대로 이용했다. 형상으로 동물을 포함하면서 사자와 그리핀이 양식화된 잎과 함께 나타났다. 현존하는 최초 건물로 밀라노 상 암브로지오와 파비아 상 미첼레에서 롬바르드스타일의 사자와 그리핀, 그리고 인터레이스 밴드를 볼 수 있다.

로마네스크는 12세기 남과 남서 프랑스의 웨스트프론트(westfront) 장식으로 최고 수준에 도달했으며, 이것은 상 트로핌의 프리즈, 낮은 반원 포탈, 회랑 아케이드가 증명한다. 상 질(1076)은 여러 아치의 낮은 포탈로, 잎과 스크롤 장식이 처음으로 자연스럽다. 뾰족한 잎은 둥글게 되며, 빛과 그림자 효과를 위한 릴리프로 배경에서 두드러진다.

초기 로마네스크의 노르만 건축은 1006년 영국을 점령한 노르만이 앵글로-색슨 예술과 배합한 스타일이다. 반원 아치를 특징으로 초기는 조잡하다. 그로테스크한 새 부리의 포탈, 셰브런의 도어웨이, 낮은 릴리프 팀파니움, 그리고 쿠션(큐빅) 기둥머리는 아칸서스, 셰브런, 별, 안테미온으로 단장했다. 후기에 들어서 장식이 풍부해지며, 노스햄턴 상 피터에 오너먼트와 동물의 인터레이스 밴드가 나타났다. 12세기 말, 기둥머리는 오목하거나 벨 모양으로, 워터리프(water leaf)를 부착하거나 혹은 볼루트를 뒤집었다. 캔터베리는 여러 유형의 잎으로 장식되어 활력적 기술을 자랑한다.

프랑스 로마네스크는 주로 수도원에서 일어났다. 재료 채석장은 파괴된 유적지로 훈련된 장인이 필요치 않았고, 또한 벽이 두꺼운 카롤링거 건물은 장식을 단순케 했다. 11세기경 건축 예술은 기술로 통제되어 장식도 재료와 과학으로 결정되었다. 로마네스크 기둥은 고전 기둥의 계속으로 아바쿠스가 가해지며 프로포션과 상세함이 수정되었고, 기둥머리에 아칸서스, 린소, 안테미온이 변형되었다. 12세기 후기 로마 전통의 린소는 사라지고, 줄기는 홈을 파고 잎은 양식화되었다. 린소는 포도-바인으로 종교 상징이 뚜렷하다.

사르트르, 아미앵, 랭스의 포탈은 최고 장식 예술로, 팀파눔과 포탈에 성인과 순교자를 묘사한다. 고대 전통과 비잔틴 영향의 초기와 대조하여, 후기 조각은 기술과 세팅에 새 장을 마련했다. 장식의 상세함과 모티프는 로마의 퇴폐 형태로, 케이블, 로프, 토루스, 셰브런, 지그재그, 구슬, 스크롤, 빌렛, 체커, 마름모 무늬가 인기였다.

한편, 이탈리아 로마네스크 초기는 스타일 배합, 교회 통합, 장인들의 이동으로 경계선이 흐리나, 초기 바실리카와 비잔틴 영향을 볼 수 있다. 후기는 서구의 영향으로, 11~13세기 투스칸 피사와 루카는 바실리카의 발전으로 블랙과 화이트 줄무늬 대리석 아케이드에, 기둥머리는 고전 모델의 린소로 조각, 롬바르드 그로테스크 동물을 더했다.

시쿠로-노르만(Siculo-Norman)은 아랍 시칠리아의 정복 후 노르만이 만든 스타일이다. 뾰족한 이슬람 아치, 톱니 난간, 용마루에 대리석 판벽 널, 윗벽과 천장 모자이크는 혼합 스타일을 전시한다. 몬레알레와 팔라틴 채플이 훌륭한 예로, 특히 몬레알레 천장 페인트와 도금은 아랍 쿠픽 비문과 기하 인터레이스 바닥으로 동양적 풍부함이 엿보인다. 회랑 기둥머리 조각은 로마네스크에 가장 뛰어나며 비잔틴-노르만-이슬람 스타일의 혼합이다.

게르만족 롬바르디 스타일은 침울한 유머를 장식에 가져왔다. 거칠고, 크고 무거운 그로테스크 조각이 아케이드, 처마장식, 벽기둥, 도어웨이, 린텔, 기둥머리에 더해졌다. 이 스타일은 프랑스와 독일에 퍼졌는데, 아마 베네딕도회 간의 교환, 십자군 이동, 무역과 건축 아이디어의 전파 탓으로 보인다. 조각가 코마티 외 다른 장인들은 여행 길드를 조직하여 수도원 개입 없이 유럽의 먼 지역까지 그들 기술을 전파할 수 있었다.

중요한 로마네스크 건축 장식은 11세기 중반 프랑스와 스페인으로, 특히 12세기 이곳 순례 길을 따라 장식에 차이가 나타났다. 남프랑스 랑그도크는 후기 로마 잔재의 툴루즈에서 영향 받아 스페

천국의 게이트웨이인 콩케 생트 포이 팀파눔

인 하카, 팜플로나, 프로미스타, 레온, 콤포스텔라를 연결했다.

유럽에 널리 퍼진 수도원들은 고전의 취향을 고수하여 거칠게 깎은 코린트 기둥머리에 아칸서스 잎은 솔방울과 인테레이스로 장식했다. 툴루즈와 모아삭은 상아와 귀금속 처리를 응용하며 고대의 팔메트 모티프를 더하였다. 프로미스타와 하카는 로마 석관에서 영향 받았고, 콤포스텔라와 레온은 로마의 조각 릴리프에서 영감을 찾았다.

로마네스크의 건축 공간은 광대한 아이코노그래피를 허락하여, 툴루즈 상 세르낭 포르테 드 콤트는 역사 장면을 기둥머리에 표현

62

했고, 우에스카 하카의 회랑도 신자들을 환영하며 예배 요소들을 제공했다.

순례 길은 건축 조각 상징에 기여하였다. 로마네스크는 팀파눔의 사용 시기였고 기독교 교리를 조각으로 합성할 가능성을 주었다. 세계 질서의 교회 비전으로 조각은 하나님의 봉사이며 그의 영광을 위한다.

건물 상징

12세기 전반에 오툰 호노리우스(Honorious of Autun)는 건물 상징에 관한 4권 『De Gemma Animae(Jewel of the Soul)』를 썼다. 그는 교회교부들의 발자취를 따르며, 기독교 성역을 새 예루살렘의 사전 설정(prefiguration)으로 간주, 다른 중세 작가들처럼 교회 각각 요소를 신약 구절에서 찾았다. 건축은 우주의 부분으로 신성 프로젝트를 지속하는 표명이며, 신자들은 그들이 기다리는 영생과 하나님이 통치하는 세계를 건물 구조에서 인식할 수 있다.

지상의 새 예루살렘으로, 교회는 천상 신전의 평화와 신성을 축하하고, 정의의 태양이 떠오르는 동쪽에서 축복을 받는다. 돌 위에 세운 교회는 네 벽으로 천국을 향해 일어서고, 네 사도의 미덕을 통해 성장한다. 기도실은 믿음으로 창조된 힘을 상징, 돌을 접착하는 회반죽 작업은 사랑으로 연결한 신자들이다. 본당은 활동적인 생으로 하나님을 섬기는 집이다.

폭풍을 제거하고 빛을 허락하는 투명한 창문은 이교도와 싸우는 의로운 자들로 교회의 가르침은 창문을 통해 펼친다. 하나님 집을 지탱하는 기둥들은 주교들의 올바른 생활이고, 건물 안정의 갑판보는 교회를 보호하는 세계의 힘이다. 그리고 비가 샘을 방지하는 지붕 타일은 이교도와 적에 대항하여 교회를 보호하는 군대이다.

천장과 벽 페인팅은 정의를 나타내는 교회 관습으로 (i) 평신도에 읽기를 제공, (ii) 건물 장식, (iii) 교회 전임자들을 추모한다. 포장 바닥은 교회의 지탱을 위해 일한 자에 감사, 바닥 아래 토굴은 내적 생활을 양성하는 자이다. 제물 제단은 희생한 그리스도로, 신자는 그를 믿고 갱생하며 단합한다.

제단 위는 고통당한 사도와 성인 유물함이 놓인다. 제단을 덮는 천들은 행동으로 그리스도의 오너멘트가 된 사제들과 처녀들이다. 제단 십자는 세 기능을 가진다: (i) 왕궁 도시 하나님 집에서 왕의 표시는 군인들에 의해 존경받는다. (ii) 항상 그리스도 수난을 재현한다. (iii) 신자들은 그리스도를 모방하고 그들 자신의 열정과 야망을 십자가에 못 박음이다.

성찬식 제단 위 캐노피는 인류의 희생 제물이 된 그리스도의 신성을 뜻한다. 제단 층계는 신자가 그리스도에 도달하는 미덕, 사제의 손 씻기 예식 세반기는 인간이 침례와 회개를 통해 죄의 짐에서 해방되는, 즉 그리스도의 자비이다. 벽 텍스타일은 그리스도의 기적이며, 교훈이 낭송되는 연단은 의로운 생을 의미한다. 그리스도가 영원히 성령 불꽃으로 조명되듯, 교회는 항상 램프가 켜져 있다. 여러 금속 산데리아는 선행을 뜻하고, 교회 문은 무신자를 쫓고 신자를 반기는 그리스도이다. 높은 탑은 신성한 왕궁을 선포하며, 종소리는 천상의 주제를 웅변하는 기도, 종탑 바람개비는 자는 자를 깨운다. 무덤은 교회의 가슴이다.

교회 가까이 위치한 회랑은 낙원의 사전 설정으로, 따라서 수도원은 에덴 정원으로, 에덴에 생의 분수와 생명나무가 있듯 수도원에는 침례 세반기와 그리스도 몸을 발견한다. 세속을 떠나 종교 생활을 고백하는 자를 죄인에서 구분하는 곳이다.

호노리우스는 교회 형태도 언급하였다. 십자 형태의 플랜은 신자들이 세상을 위해 십자에 못 박혀야 하는 길이고, 원형 플랜은 영원의 왕관처럼 교회가 사랑을 통해 궤도 둘레에 서 있다. 어쨌든, 호노리우스와 그의 12세기 추종자들은 교회 요소를 상징으로 신성한 질서를 표시하며, 종교 건물을 신학적이고 신비한 구조로 설정했다.

이미지와 상징

중세인은 자연의 여러 현상을 상징으로 만들었다. 19세기 네덜란드 역사가 요한 하위징아는 설명하기를,

그것의 관련이 그의 즉각적 기능과 형상보다 더 나아가지 않으면, 각각 대상물은 의미가 없음을 잊은 적이 없다. 결과로 모든 대상물은 다음 세계로 상당히 계획되었다[28].

성스러움은 나무, 돌, 뇌우 등 자연에서 나타나고, 하나님은 인간에게 자신을 드러내려 어떤 형태도 취한다. 이 중세 예언은 이교도에서 온 것이지만, 중세인에게 실제 사건에 재생의 신비를 보여주는 것으로 이해되었다. 상징으로 가득 찬 조각 세계는 모호하거나 여러 층의 참고를 가져, 선이든 악이든 그 존재에 중세 세계 지향의 특수한 유형과 일치한다. 모든 것이 조직망으로 엮였고, 한 대상물의 피상적 형태 아래는 다른 형태가 상징으로 쉬고 있다.

따라서, 중세인은 한 대상물의 외관과 초자연 세계를 연결하고 이 참고는 항상 뚜렷하고 유효하지 않지만, 언제 어디서든지 다른 것으로 변경, 연장했다. 상징의 시험은 서로 연결된 특성을 강조, 예로 사파이어 라이트 블루 컬러는 맑은 하늘의 라이트 블루 컬러와 연결, 이 보석에게 천국 상징의 역할을 주었다.

---

28 It was never forgotten that every object would be meaningless if its relevance went no farther than its immediate function and appearance, and as a result all objects projected quite a way into the next world(Johan Huizinga).

그러므로 로마네스크 포탈에 하나님 재현은 조각 기둥머리의 신비한 상징과 함께 기독교의 부유함을 제공한다. 그로테스크한 형상을 읽을 수 없는 수수께끼는 근동을 포함한 고대와 기독교 역사로 돌아가는데, 초기 수도원들은 고대 시각 세계를 이해하지 않고 이것을 기독교에 병합했으며, 서구 로마네스크 조각에 새 표현을 부여할 때까지 그대로 통과시켰다.

특히, 중세 암흑 시기에 순례 길은 수많은 신자를 로마 성 피터와 성 파울, 콤포스텔라의 성 제임스 무덤으로 옮겼다. 일차 십자군(1095~1099)은 예루살렘에 기독교 접근을 가능케 했고, 순례 여행은 문화 교류의 중재자가 되었다. 순례자들은 이국의 교회 포탈과 기둥머리에서 본 것을 기념품으로 고향에 가져가 그들 자신의 시각 언어로 수정했을 것이다.

즉, 순례자들을 기다리는 악령은 거친 숲속, 좁은 골짜기, 폭풍과 번개 구름, 병과 기근 그리고 육체의 죄 유혹으로 기독교 미덕의 위반을 그들에게 제시했다. 순례자들은 새 교회에 들어가면, 그들은 자기 영혼을 소비할 때까지 평온을 주지 않는 악령과 대결해야 한다. 마태복음(9:34, 12:24~27)[29]은 그리스도의 악령 처리를 설명한다. 이 대책으로, 로마네스크 조각가들은 이 악령을 돌의 형태로 교회 포

---

29 But the Pharisees said, "It is by the prince of demons that he drives out demons" (Matthew, 9:34). (New International Version)

• But when the Pharisees heard this, they said, "It is only by Beelzebul, the prince of demons, that this fellow drives out demons. Jesus knew their thoughts and said to them, "Every kingdom divided against itself will be ruined, and every city or household divided against itself will not stand. If Satan drives out Satan, he is divided against himself. How then can his kingdom stand? And if I drive out demons by Beelzebul, by whom do your people drive them out? So then, they will be your judges (Matthew 12:24-27). (New International Version)

탈과 기둥머리에 조각, 부착시켜 순례자들을 두렵게 했다.

쇼비니 상 피에르 기둥머리는 프랑스 로마네스크의 최고 표현으로 사제석과 암블라토리 사이에 있으며, 성경과 악령을 주제로 한다. 북쪽 기둥에 다리를 벌리고 서 있는 악령은 죽음의 마술 상징을 쥐며 지옥의 불꽃이 빛난다. 다른 악령이 그를 향하며, 또 다른 악령이 저주받는 자를 데려온다. 남쪽 기둥에는 재생과 부활의 독수리가 나체 인간들을 쥐고 있다. 천국으로 운송되는 죽은 영혼들이다. 모든 죄진 기독교인은 이 세계의 불가분한 공포와 끔찍한 처벌의 예언에 시달리고, 날개 가진 용이 저주받은 나체 영혼을 삼킴은 자신의 운명을 뜻한다. 악령 동물의 투쟁은 로마네스크 조각의 특성으로, 주로 프랑스 교회 포탈에서 발견되는데, 상 수이락의 투르모(tourmeau)가 좋은 예이다.

쇼비니 상 피에르 기둥머리

로마네스크 조각에 묘사된 동물 세계를 설명하는 『Pysiogloger』는 최초 해설 참고서 중의 하나이다. 200년경 신약 저술의 정경이 주로 합병되었을 때, 이 책은 고대 물리학으로 다음 천 년 동안 재작업하면서 기독교 사상으로 확장했다. 55가지 동물 이야기의 특징과 행동을 모범 기독교 생활과 비교하는 순진한 알레고리이다. 예로, 행로를 감추는 사자는 인간들에게 보이지 않고 움직이는 그리스도이며, 불사조는 자신을 태운 재에서 새 날개를 가져, 그리스도처럼 생을 잃은 후 갱생한다는 비유이다. 로마네스크 조각은 동물과 전설로 수수께끼를 통해 명확하지 않지만, 상징과 알레고리의 지각이다.

고딕

12세기 서양은 비교적 평화와 안정으로 배움의 중심처가 교회 도시에서 발전하였다. 기독교 신비주의는 인간에게 상징과 신화의 암호 세계를 불러와, 새 교회가 봉헌될 때마다 건축가는 정확한 재생산에 관심 없고 건축 특성의 상징 다이맨션과 숫자들을 복사했다. 브란너(1961)는, 중세 종교의 초월주의(Transcendentalism)는 고딕 교회에서 그 위치를 마침내 가지게 되었다. 예배 텍스트에 의하면, 지상의 교회는 예루살렘의 천상 도시와 대응하는 곳으로, 중세인 자신은 하나님의 신성한 빛의 불완전한 굴절로 간주하였다.

따라서 고딕의 해석은 공간, 빛, 구조, 석공의 조형 효과를 통해 환상적 규모를 생산함이다. 그리스 기둥에 비교해, 고딕은 고착된 프로포션이나 공간 사용에 표준이 없어 왜곡된 결과로, 거대하고 환상적 외관은 교회의 영혼뿐 아니라 개인 후원자와 건축가의 포부와 신자들의 일반 태도를 표현한다.

파리 가까이 위치한 상 대니의 수도원장 수제는 1140~1144년 고딕의 필수성을 논쟁하였다. 그의 목적은 건물 실내에 빛을 많이 받게 하기 위하여 무거운 로마네스크 벽을 가벼운 구조로 변경시켜 빛이 교회 안으로 스며들게 하는 것이다. 12세기 후반 일 드 프랑스 지역의 교회 재건을 격려함으로 인해 고딕의 시초를 이루었다. 수제의 신학 성명에서 빛에 관한 이론은 상 대니의 후원자 성인 디오니소소 에로파지트에 귀속된 신-플라토(Neo-Plato) 철학에 기초한다. 인간은 물리적 세계에서 대상물의 빛을 통하여 하나님의 빛을 더 이해

첫 고딕 교회 상 대니 웨스트프론트, 북쪽 탑을 해체하기 전(c. 1844~1845)

할 수 있다는 이론이다.

어쨌든, 13세기 북프랑스에서 로마네스크 스타일이 정점에 도달했을 때 진화하기 시작한 고딕은 영국, 독일, 이탈리아, 스페인에

급격히 퍼졌다. 당시 유럽은 더 자유롭고 지성적 발전과 문명화된 삶으로 변화를 원했다. 한편에는 추상, 지성적 아이디어를, 다른 편에는 감성, 종교 신비주의가 존재했다. 이 다양한 감정은 고딕 발전에서 그들 표현을 찾았다.

로마네스크와 고딕은 구조에서 비슷하나 형태는 다르다. 둥근 로마네스크 아치가 고딕의 뾰족한 것으로 대치되면서 높이 솟음과 열린 공간이 새 기분을 주었고, 큰 창문은 실내를 밝게 하며 오너멘트는 더 정교해졌다. 프로포션의 아름다움과 다양함, 오너멘트의 우아함과 활력이 특징이다. 또 구조적이며 라인의 선명함에, 회화 상징적으로 구조 형태를 지배하지 않고 조화로운 건축을 보충하였다. 모티프는 초목과 꽃으로 아치 도어웨이와 창문, 탑과 포탑, 기둥머리와 처마장식, 사제석과 갤러리는 그 시대의 디자인을 나타낸다.

13세기에 들어서 아칸서스는 점차 사라지고, 초기 고딕의 잎들은 자연으로 향하면서 거의 양식화되었다. 잎들은 후기 고딕에 더 자연 형태로 바뀌는데, 바인 덩굴, 엉겅퀴, 참나무, 전나무, 아이비, 트래포일, 장미가 있다. 우묵하고 두꺼운 잎은 (i) 단단함과 엄격함, (ii) 빛과 그림자의 날카로운 대조를 이룬다. 초목과 꽃 선정에 역시 상징이 고려되었고, 인간, 동물은 익살스럽고 과장되었다. 고딕은 발전, 정점, 몰락에 따라 초기, 장식, 수직 단계로 나뉜다[30].

영국 고딕은 세 스타일이다. 초기 고딕(1170~1280)은 장식 나선이 특징, 크로켓의 세 잎이 나선으로 배열되었다. 켄트 스톤처치 스판드렐은 곡선의 정렬과 융통성, 장식의 반복 형태, 적절한 간격을 보

---

30 이탈리아에서 초기 고딕은 북 야만족 단어로 사용, 프란치스코회와 도미니코 수도회 전파에도, 로마네스크와 비잔틴에서 해방되지 못했고, 후기 고딕은 르네상스와 혼합되었다.

인다. 장식 고딕(1280~1315)은 기하, 곡선의 트래세리, 자연적 잎의 라인과 형태의 물결 모양이다. 참나무, 바인 덩굴, 단풍나무, 장미, 아이비 잎은 더 화려하고 섬세하나, 통일성이 결핍되었다. 사우스웰의 기둥머리가 좋은 예이다. 수직 고딕(14세기 후기)은 튜도르와 오지 아치들이 지배하고, 장식은 더 환상적이다. 둥근 천장이 더 정교해지면서 이 스타일은 쇠퇴하기 시작했다.

프랑스 고딕은 초기, 방사, 불꽃 스타일로 나뉜다. 북프랑스에서 시작된 고딕은 오툰과 베즈레에 의한 실험 후, 상 대니에서 옛 요소와 배합했다. 걸작으로 파리 노트르담(1163~1182)이 있다.

초기(1160~1240) 스타일은 단순하고 정력적이며 자연의 정확한 모방으로, 디자인과 수행은 더 정교하고 오너멘트는 풍부해져 창문 트래세리 장식에 중요했다. 방사 스타일은 더 가늘어져 기술과 상세함이 디자인의 제지와 활기를 차지한다. 오너멘트는 사실주의와 양식화의 극단이다. 후기 불꽃 스타일은 조명의 바램과 순수성이 방치되어, 디자인은 과대해지며 형태를 덮었다. 14세기 잎은 영국 조각처럼 자연스럽고, 15세기 불꽃 스타일은 아미앵에 나타나, 트래세리는 뾰족한 아치, 오픈한 박공널, 크로켓의 작은 첨탑으로 뒤섞였다.

03

순례 길의
로마네스크 승원 회랑

순례

중세기 순례의 신조는 천상의 신성한 장소를 지상에서 찾는 것이다. 고린도 후서(5:6)[31]는 기독교 생활 그 자체가 순례임을 표명하여, 순례는 초기부터 교회에서 격려되었다. 첫 고대 순례지는 그리스도가 활동했던 팔레스타인 유적지며, 후기는 헬레나 십자의 발견으로, 비잔틴 황제 콘스탄티누스가 세운 예루살렘의 성묘 교회(326)와 베들레헴의 그리스도 탄생 교회(325)이다. 순례는 800년 후 십자군 원정 후 일어났다.

순례의 관심은 죽은 성인들의 잔재로, 특히 초기 모범 기독교인과 중세 순교자들이다. 신앙으로 고문과 죽임당한 자, 기독교 설립에 기여한 성인 유물은 기적을 일으킨다는 믿음에 순례는 증가하였다. 유물과 접촉 혹은 가까이함은 순례자에게 속죄를 가져와, 유물은 전당이나 유물함에 보존하며 작은 구멍으로 보였다. 유물은 고통당하는 인간의 천국 중재자였다.

중세기에 들어서, 성 제임스의 순례는 로마, 예루살렘과 함께 가장 이름났다. 813년 성 제임스 무덤이 예루살렘 북쪽 산티아고 데 콤포스텔라에 있음을, 한 천사가 은자 펠라기우스에게 보여준 전설

---

31 Therefore we are always confident and know that as long as we are at home in the body we are away from the Lord (2 Corinthian 5:6). (New International Version)

이러므로 우리가 항상 담대하여 몸에 거할 때에는 주와 따로 거하는 줄을 아노니.

로 시작, 11세기 이곳 모슬렘 점령의 기독교 재정복 후 다음 세기에 절정을 경험했다.

순례 길(Camino de Santiago)은 옛 로마 무역 길을 따라 갈리시아 대서양 해안을 계속해서, 피니스터레(문자적으로 세계의 끝)만에서 끝난다. 은하수가 밤길을 안내해주어 "은하수"라는 별명을 얻었고, 여행 순례자들이 일으킨 먼지의 콤포스텔라는 "별들의 들판" 의미에서 유래한다. 갈라시아 해변에서 발견되는 가리비 껍질은 그 신비한 은유와 실질적인 이유로 순례의 상징과 기념물이 되었다.

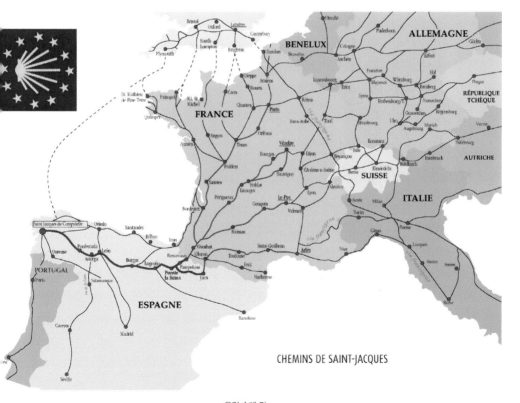

CHEMINS DE SAINT-JACQUES

유럽 순례 길

44년 예루살렘에서 참수당한 성 제임스의 죽음에 두 스페인 전설이 있다. 그는 스페인에서 복음 설교로 시간을 보냈으나 에브로 강 언덕에서 성모 마리아 환상을 보고 유대아로 돌아갔다. (버전 1) 그의 죽음 후 제자들은 현재 산티아고로 알려진 곳에 묻기 위해 이베리아반도로 그의 몸을 배에 실었다. 스페인 해안 폭풍에 그의 몸은 대양에 잃었으나, 얼마 후 상하지 않고 가리비에 덮여 해변으로 씻겨져 왔다. (버전 2) 성 제임스 죽음 후, 그의 몸은 기적으로 선원이 없는 배에 산티아고로 알려진 곳에 묻히려 이베리아반도로 운송되었다. 배가 육지에 접근했을 때 결혼식이 해변에서 행해졌다. 젊은 신랑을 태운 말은 배의 접근에 놀라 그들은 바다에 빠졌다. 기적이 일어나 가리비로 덮여 물 위에 살아 떠올랐다.

한 점에서 만나는 가리비 껍질의 여러 홈은 다양한 순례 길을 의미하는 것으로 결국 한 목적지, 즉 성 제임스 무덤에 도착을 의미한다. 껍질은 순례의 은유이다. 대양 파도가 갈리시아 가리비 껍질을 씻는 것처럼 하나님의 손은 순례자를 순례 길을 따라 산티아고 데 콤포스텔라로 안내한다. 실제 가리비는 순례 길 안내판에 보이며, 순례자는 그것을 옷, 배낭, 목에 착용한다.

성 제임스 교회를 방문한 최초 기록은 9세기 아스투리아 왕국 때이다. 그리고 피레네산맥을 넘은 것은 11세기 중순이나, 일 세기 후 정규적인 큰 외국 순례로, 영국은 1092~1105년에 이루어졌다. 12세기 초까지 순례는 조직적으로 행해졌는데, 특히 순례 지지자 교황 칼릭스티누스 2세는 콤포스텔라의 신성한 해(성 제임스 날이 일요일)를 제안했다. 그의 공식 안내책 『Codex Calixtinus』(1140)는 여전히 안내 출처로 사용된다.

프랑스 네 순례 길(Camino Frances) 은 파리, 베즈레, 르 푸이, 아를르 에서 시작하고 피레네의 푸엔테 라 레이나에서 합침이 코덱스 명 부에 올랐다. 이곳에서 북스페인 부르고스, 카리온 데 로스 콘데스, 사하군, 레온, 아스토르가, 그리고 콤포스텔라에 몇 달 후 도착한다. 다른 가능성은 모슬렘의 점령지를 피하여 스페인 해안을 이용함이다.

성 제임스 가리비로 순례 길 안내. 상 길햄 르 데설. 프랑스 랑그도크—루실롱

순례자는 프랑스 수익의 출처가 된 자선 숙소와 숙박소 보호 아래 무료 식사 해결 및 순례 길의 도둑을 피할 수 있었다. 로마네스크 교회는 독실한 순례자를 환영하려 다양한 아치웨이를 세웠고, 수도원은 신학 기초와 촉진 외에 자선 제도를 마련했다. 순례 길은 선한 자를 위하며 악덕 부재, 신체 방해, 미덕 증가, 죄 용서, 참회자를 위한 슬픔, 정의의 길, 성인들의 사랑, 부활과 축복받은 자의 보상의 믿음, 지옥에서 분리와 천국 보호를 표상한다. 영혼을 정화하고 명상에 이르고 거만을 없애고 가난을 사랑한다는 것을 모토로 한다. 교회는 참회의 대속에 일시 처벌로써 순례 의식을 만들었다.

수도원주의

수도원주의(Monasticism)를 따르는 고행자의 길은 기도와 노동(Ora et Labora)이다. 세상을 초월하고 오직 하나님께 봉헌함이 기독교 신앙 형성과 전파에 주요소가 되었다. 종교개혁에 따른 일부 해제에도 교회와 수도원은 재부흥하였고 개혁과 새 건설로 수도 생활에 관심을 일으켰다. 수도원은 세속 세계와 신앙을 소통하고 조화시킨다.

수도원 일은 시간 전례(Liturgy of the Hours)인 규칙적 교회 종소리로 승려들을 부른다. 한밤, 새벽 3시, 이른 아침 6시, 아침 9시, 한낮, 오후 3시, 저녁 6시, 밤 9시 기도이다[32]. 1200년경 승려들의 하루는 한밤중에 시작하며, 그들은 교회 종소리에 깨어 한밤 기도를 위해 교회로 향한다. 즉각적인 행동을 위해 옷을 입은 채 잠자며, 일어난 후 고깔 달린 겉옷을 입는다. 겨울철 바깥에서 시간을 보내는 동안을 위해 보온 스타킹, 부츠, 속을 넣은 외투를 착용한다. 침대는 짚 마드라스나 매트이며, 북쪽 지역에는 담요, 베개에 모피 혹은 깃털 이불이 첨가된다. 승려들은 회랑으로 내려가 분수 집에서 세면 후, 교회 트랜셉트 현관을 통해 사제석에 자리를 차지한다.

늙은 승려들은 뒤 열에서 앞 열의 젊은 승려와 초심자들을 주시한다. 기도는 주님 기도, 신앙고백, 시편 암송과 찬송 후 성경 구절혹은 교회교부의 주석이 읽힌다. 축제 전날 한밤 기도는 광대한 낭송으로 시간이 걸려, 승려들은 해가 뜰 때까지 침대에 머물거나 교회에서 기도, 명상으로 시간을 보낸다. 시편은 특히 아침 기도에서

---

32 한밤(Matins, Vigils), 새벽 3시(Lauds), 이른 아침 6시(Prime), 아침 9시(Terce), 한낮(Sext), 오후 3시(None), 저녁 6시(Vespers), 밤 9시(Compline) 기도.

불린다.

베네딕도회(Benedictine)에서 아침 기도는 챕터하우스 뒤의 채플에서 조그만 행렬과 겸비하며 죽은 자의 영혼 기도가 이루어진다. 성 베네딕도 규율은 몸과 옷의 규칙적 씻기로, 손과 얼굴은 아침과 예배 전, 손은 화장실 사용 후, 식사 전, 부엌에서 일하기 전이며, 발은 일주일에 한 번 혹은 맨발로 행렬한 후이다. 승려들은 매일 아침 머리빗기가 기대된다.

6시 첫 기도는 하루의 첫 시간으로, 아침 예배가 따르며 챕터하우스에서 모임이 열린다. 챕터는 수도원 내부와 외부 전체 일을 규제, 수도원장으로 진행되며 회원 규정이 읽히고 전시된다. 조직 문제 토론은 예배 축하 스케줄, 독서, 부엌일로, 죽은 승려와 수도 회원 이름들이 그들 죽음 기념일에 읽힌다. 마지막으로 처벌 챕터는 승려의 과실을 다루며 처벌은 신체적 응징이나 감금이다.

레온-카스티야 왕 알폰소 10세 아래 승려들의 마뉴스크립 제작(기도와 노동)(1283)

요르그 브로우 데 엘더(1500)가 그린 클레르보 성 베르나르 일생의 일부로 시토회 승려들 작업

쳅터와 오후 3시 기도 후, 침묵의 회랑에 승려들의 대화가 시작된다. 하루 일과에 할당된 시간으로 노동과 사무로, 시토회(Cistercian)조차도 비문맹 승려의 노동은 부엌과 정원을 넘지 않고, 수도원 경영 혹은 교회 예배 텍스트 복사의 일이다. 저녁 식사는 풍부하나 단조롭다. 주 음식은 익힌 가금류와 생선 요리이며 항상 여러 종류의 콩과 채소가 제공, 여름에는 과일과 샐러드가 첨가된다. 하루에 반 킬로그램 빵과 물로 희석하는 1/3리터 와인이 할당된다.

저녁 기도는 다음 날 축복할 성인들의 제단 혹은 챕터하우스 뒤 채플에서 행하며 행진을 포함한다. 회랑을 통과하는 행진은 축제일과 일요일이다. 해 질 무렵 승려들은 저녁 낭독을 하러 회랑에 모인다. 하루 일과는 밤 기도로 끝나며, 트랜셉트를 나와 휴식을 취하러 기숙사로 돌아간다.

회랑의 기능

11세기 후~12세기 초 대조류의 건축이 순례 길을 통해 일어났다. 교회, 수도원, 대학교회는 회랑(cloister)과 파사드 장식에 완숙한 로마네스크 스타일로, 당 시대의 강렬한 종교성은 건설이었고, 12세기 후반 르 푸이(Le Puy)는 마리아 숭배 제식의 더 많은 순례자를 확보하러 두 구획이 본당 왼쪽에 더해졌다. 새 건물 유형으로 투르 상 마탱, 리모즈 상 마르티얼, 콩케 생트 포이, 툴루즈 상 세르낭, 콤포스텔라며, 본당, 2~4측면 통로, 암블라토리를 가진 세벳, 방사 채플에 아케이드를 이루는 큰 탑이 서쪽 끝에 위치한다.

회랑은 일반적으로 수도원 안마당에 위치하며 이것은 주위의 주요 건물들을 연결하는 필요성에서 나타났다. 모양은 다소 사각형으로 로마 빌라의 페리스타일 안마당 혹은 초기 바실리카 교회의 열린 지붕에서 유래했다는 이론들이 있지만 확실한 증거는 없다.

예로, 초기 로메인모티에 회랑은 옛 수도원 단지의 닫힌 배열에서 점차적으로 변화되나, 8~9세기 선교 목적으로 설립한 새 수도원들은 옛 구조를 고려할 필요 없이, 보호의 이유로 벽을 둘러싼 사각형을 취해, 라이켄아우-미텔젤 회랑은 교회 북쪽에 위치한 사각형이다. 이 회랑은 8세기 목재에서 돌구조로 대치하며 교회 실내의 사제석에 인접한 동쪽 건물은 문을 통해 교회와 연결하고 서쪽은 입구와 병원과 접촉한다. 북쪽에 놓인 벤치는 챕터하우스의 대신 역할로써, 이것은 상 갈랜(c. 830) 플랜과 유사하다.

프랑스에서 현존하는 가장 오랜 로마네스크 모아삭 상 피에르 회랑

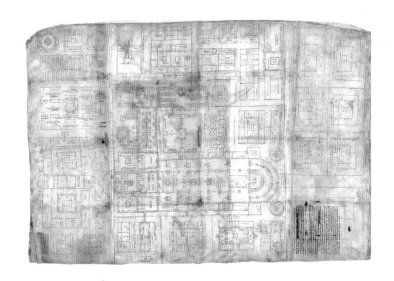

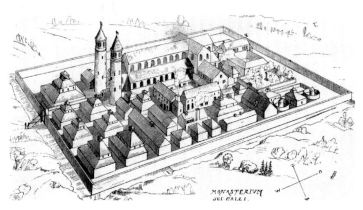

현 스위스에 위치한 상 갈랜의 수도원 플랜

　상 갈랜 플랜은 중세 초기 이상적인 수도원 배열을 보여준다. 이것을 제작한 창시자의 이름은 알려지지 않았지만, 830년 독일 라이켄아우 섬에서 유래하며 실내와 가구 배치, 석조 공사와 바닥 개략도가 담겼다. 플랜에 의하면, 남쪽은 승려들의 거주지로 교회 안마당 주위에 배열되며 처음으로 사각 회랑이 고전 형태로 나타난다.

회랑의 동쪽은 이층 건물이 자리한다. 아래층에는 바닥 난방실, 작업장, 거실이 위치하고, 위층은 취침 기숙사이다. 회랑 남쪽은 목욕실과 화장실로 이곳은 통로를 지나 도착한다. 회랑 남쪽 윙(wing)은 식당이 차지하며 그 위는 휴게실이 배치되었다. 남서쪽 구석에 위치한 부엌은 식당과 연결되며 빵 제조실과 양조장과 연결된다. 서쪽 윙 지하실은 와인과 맥주 저장실이다. 이 건물과 교회 사이 양면에 벤치가 놓인 좁은 방도 대화실로 사용, 이곳은 회랑 입구로서 승려들은 방문객을 응접한다. 상 갈랜은 챕터하우스가 없어 회랑에 벤치가 갖추어졌다.

아헨 카운실(Councils of Aachen, 798)은 카롤링거 수도원의 모델로서 상 갈랜 플랜을 강요하지 않았으나, 이것은 회랑의 전파를 도왔다. 수도원 건설에 필요한 교회 규범인 공동 생활(Vita communis) 때문이다. 실제 회랑을 둘러싼 사각 배열은 여러 방에 기회를 제공하고, 외부로부터의 폐쇄는 승려들의 비밀회의를 분리했고 수도원 통제를 쉽게 만들었다.

이 이유로 적절한 회랑 단지가 9세기부터 퍼지며, 12세기 수도원 건축의 한 요소가 되었다. 11세기까지 베네딕도회 클뤼니 소 수도원의 새 건축은 교회 측면에 회랑과 함께 수도원 단지의 전파에 공헌하였고, 특히 1098년 새로 조직된 시토회의 효용적 건축 구조는 자매 수도원의 표준화에 큰 도움이 되었다.

회랑은 여러 기능을 가진다. 승려들의 세면, 면도와 단발 외에도 하루 모임, 대화, 독서, 저녁 기도 전의 공동 낭독이다. 승려 무덤은 두 장소로, 유명한 승려는 챕터하우스 입구 앞 동쪽 윙에 묻히고, 일반 승려는 회랑에 묻힌다. 무엇보다도 회랑은 승려들의 평온, 반성, 휴식, 조용한 기도장이다.

회랑의 디자인은 중세 초기부터 강조되어, 11세기 전반에 수도원

장 오디로는 클뤼니 새 회랑에 대리석 기둥을 세우려 힘썼다. 그러나 차츰 남프랑스와 스페인 로마네스크 회랑 기둥머리의 그로테스크한 동물 장식에 대해 시토회 창립자 클레르보의 성 베르나르(Bernard of Clairvaux, 1090~1153)는 그의 "아폴로지아(변명서)[33]"를 통해 비판하였다.

허영 중의 허영이여, 그러나 어리석은 것보다 더 헛되다. 교회 벽들은 부유함으로 불타고 가난한 사람들은 굶주린다. 교회의 돌은 금으로 뒤덮였고, 아이들은 헐벗었다. 가난한 사람들을 먹여야

---

33 O vanity of vanities, but more vain than foolish! The walls of the church are ablaze with riches, while the poor go hungry; its stones are covered in gold and its children go naked; the money for feeding the poor is spent on embellishments to charm the eyes of the rich [...]. What relation can there be between all this and the poor, the monks, the men of God? [...] What is the meaning in your cloisters, where the monks do their reading, of these ridiculous monsters, these horrible beauties, these beautiful horrors? What is the point, in these places, of these obscene monkeys, ferocious lions, chimeras, centaurs, monsters half man, half animal, these striped tigers, battling soldiers, and huntsman with horns? Here is a body with any heads or a head with several bodies; there a quadruped with a serpent's tail, and next to it a fish with an animal head. Sometimes one can see a monster that is horse before and goat behind, or a horse with a horned head. The number of such representations is so great and the diversity so charming and varied that we would prefer to look at these carvings than read from our scriptures, spending the day admiring them instead of meditating on the law of God. Ah, Lord! If we are not ashamed of such frivolities, we should at least regret what the cost!
Apologia ad Guillelmum abbatem.

하는 돈은 부자의 눈을 사로잡기 위한 장식에 소비되었다. … 이 모든 것과 가난한 사람들, 승려들, 하나님의 사람들 사이에는 어떤 관계가 있는가? … 승려들이 독서하는 회랑에서 이 우스꽝스러운 괴물들과 끔찍한 미녀, 이 아름다운 공포는 어떤 의미인가? 외설적인 원숭이, 사나운 사자, 키메라, 켄타우로스, 반인반수의 괴물들, 줄무늬 호랑이, 싸우는 군인들, 그리고 뿔을 가진 사냥꾼의 이 장소들은 요점이 무엇인지? 여기에 어떤 머리들이 달린 몸이나 여러 몸을 가진 머리가 있다. 그곳에는 뱀 꼬리를 가진 한 사족이 있고, 동물 머리를 가진 물고기가 그 옆에 있다. 때로는 앞모습은 말이고 뒷모습은 염소이거나, 혹은 머리에 뿔이 달린 말의 모습을 한 괴물을 볼 수 있다. 이러한 표현들은 너무 대단하고 다양하고 매력적이라, 우리가 하나님의 율법을 명상하는 대신 그들에 감탄하여 온종일 시간을 보내면서 우리의 경전을 읽는 것보다 이 조각들을 바라보게 된다. 오 하나님! 우리가 이러한 경솔함을 부끄러워하지 않는다면 적어도 희생을 후회해야 할 것입니다.

– "윌리엄 수도원장에 보낸 변명서"

순례 길의 회랑

1066년 북프랑스의 노르만 수도원들이 영국과 규칙적인 연락을 하는 동안, 남프랑스 수도원들은 피레네산맥 반대편 스페인의 수도원들, 특히 카탈루냐와 가까이하였다. 9세기 카롤링거가 모슬렘이 지배하던 카탈루냐를 재정복한 후, 비지고딕 예배는 포기되고 로마 의식이 채택되었다. 또, 승려들은 10세기 후반부터 로마와 예루살렘을 여행하면서 모슬렘 안달루스(스페인 남쪽 지역)와 평화로운 교류를 나누었다.

예로, 상 페레 데 로데스는 교황 특권을 즐겼고, 툴루즈 레자의 승려인 가랭이 카탈루냐 수도원장으로 임명되었다. 11세기 이곳의 매력은 용병과 공물로 안달루스의 부유이다. 9~10세기 초, 서쪽 아스투리아 왕국에 이미 발전된 건축으로, 회반죽을 입힌 둥근 천장에 실내 벽화는 이 건물이 수도원인지 혹은 교구 교회인지 파악하기 힘들다. 그러나 레온 상 미구엘 데 에스카라다(913) 비문은 코르도바 기독교 이민들의 재건설임을 확인한다. 아스투리아 건물에 대조하여, 10세기 레온 지역의 교회 디자인과 기술은 안달루스 이슬람 건축 영향으로 말발굽 아치가 증명한다.

여전히 카탈루냐를 제외한 다른 수도원들은 비지고딕 의식을 따랐다. 그러나 928년 나바라 왕 산초 3세는 클뤼니 관행(Consuetudines)을 상 후안 데 라 페나에 소개했다. 카스틸-레온 페르난도 1세는 기도를 위해 클뤼니에 중보금을 매년 지급하였고, 1070년 아들 알폰소 6세는 클뤼니의 스페인 지부를 세우려 지급을 계속했다. 마침내 1085년 교황의 개입으로 비지고딕 의식이 로마 의식으로 바뀌면서, 스페인은 로마 가톨릭 관행으로 돌아왔다.

상 미셸 드 쿡사, 프랑스

쿡사는 루실롱 지역 수도원들의 기동력으로, 964년부터 수도원장 가랭이 공동체를 설립하면서 상 미셸을 봉헌했으며, 상 제르망과 가족을 이루었다. 주교 올리바의 지도 아래 쿡사는 황금 시기를 즐기며 리폴과 더하여 대주교 사무실이 차려졌다. 차츰 암블라토리, 트랜셉트 탑이 첨가되었고, 회랑 조각 기둥머리는 12세기에 이루어졌다. 프랑스 혁명(1789)은 수도원을 폐허로 만들어 현재 그 파편들이 뉴욕 메트로폴리탄 뮤지엄에 보관되어 있다.

북스페인에 위치한 상 페레 데 로데스

상 페레 데 로데스, 스페인

9세기 중순, 귀족 타시는 교황의 보호 아래 페랄라다반도에 조그만 독립 수도원을 세웠다. 아들 힐데싱이 첫 수도원장으로 암푸리아-루실롱 귀족들에게 도움받았으며, 현존 교회는 1022년 세운 것이다. 중세 초기와 성기에 순례지로, 순례는 로마 상 피터의 대치였고 클뤼니의 보호 특권을 즐겼다. 교회는 본당, 두 통로, 낮은 트랜셉트, 토굴 위의 암블라토리로 이루어졌다. 기둥은 고대 코르도바 모스크의 정교한 기둥머리에 모서리를 깎은 장식으로 이슬람 예술 영향을 보인다. 수도원은 1798년 포기, 폐허가 되었다.

산토 도밍고 데 실로스, 스페인

수도원은 7세기 카스틸 왕국의 재점령으로 재건되었고, 11세기 수도원장 도밍고의 정신과 개화를 통해 왕국의 종교 중심지가 되었다. 유명한 조각 회랑(1088)으로 동쪽과 북쪽 윙 기둥머리는 신비한 형상을 하고, 남쪽과 서쪽은 12세기 후반의 부드러운 스타일을 간직한다. 회랑은 13세기 초 이층으로 확장되었다. 17~18세기 교회는 네오클라식으로 재건, 1880년 프랑스 솔렘 수도원에 속하며 연구 센터로 마뉴스크립 제작에 이름났다.

상 피에르 드 모아삭, 프랑스

7세기에 설립한 대 수도원은 1048년 클뤼니 계열에 속한 후 황금시대를 경험했다. 수도원장 두란드 아래 남서 프랑스에 클뤼니 수도원 개혁의 전파자가 되었다. 풍부한 기부로 광대한 건물 프로젝트가 가능했고, 예술 영향은 12세기 중반까지 계속됐다. 백년 전쟁(1337~1453)과 흑사병(1347~1351)은 수도원을 황폐화시켰으며, 1461년 클뤼니에서 해체되었다. 수도원은 15세기 고딕 스타일로 대치되었다. 사각형 회랑(1100)은 뾰족한 아치 아케이드로 둘러싸이며, 현존하는 로마네스크의 가장 훌륭한 기둥머리를 자랑한다.

상 마들렌느, 베즈레, 프랑스

9세기 베즈레 계곡에 설립한 여 수도원은 교황 보호를 받았고, 11세기 중순 클뤼니 모델로 개혁하면서 클뤼니의 수도원장이 임명되었다. 마리 막달레나 제식은 베즈레를 중세 성기의 유명한 순례지로 만들었다. 1146년 클레르보 성 베르나르는 루이 7세의 참석 아래, 이차 십자군 원정을 설교했다. 12세기 초, 대 수도원 설립으로 건축에 조각이 장식되었으나, 프로방스 상 막시망에서 막달레나 무덤의 발견(1279)으로 순례는 끝나면서 경제에 하락이 왔다. 신교 위그노와 프랑스 혁명으로 수도원은 파괴되었다.

남프랑스에 위치한 시토회 노트르담 드 세낭크 수도원의 라벤다 들판 정원

노트르담 드 세낭크, 프랑스

시토회(1148) 세낭크는 수도원장들 덕택으로 제방과 수로 관개를 개
발하여 30여 명 승려를 지원하였을 뿐 아니라 여러 건물도 건설했
다. 14세기 시토회의 보편적 어려움에도 세낭크는 교황 도시 아비
농 가까이 위치하여 덕을 보았다. 1544년 종교재판 복수에 이교도
발데시언(Waldesian) 침략으로 수도원은 끝나며, 17세기까지 건설이
중지되었다. 세낭크의 건축가는 성 베르나르 계획을 따른 시토회 정
신으로 로마네스크 스타일을 고수했다. 오늘날 프랑스에서 방문이
가장 많은 수도원으로 시토회의 영구적 믿음에 공헌한다.

낙원 정원

중세기 원예 활동이 수도원의 영혼과 물질에 도움이 되면서, 승려들은 벽으로 봉쇄된, 상징적 낙원 정원을 즐겼다. 476년 마지막 로마 황제가 라벤나에서 폐하였을 때 시민들은 유럽 정치와 경제 불안으로 유랑된 성이나 언덕 요새로 피난, 정원을 만들었다. 9세기에 들어서 황제 샤를마뉴(통치 800~814)는 정원 예술의 복위로써, 모든 도시는 73 약초, 16 과일과 호두나무를 심어야 하는 정원 법령을 내렸다. 정원사들은 주권과 귀족들 아래 원예 기술을 도제자들에 남겨주며 사라지는 전통을 지켰지만, 정원은 생활 원예로 감소하며, 또 새 성격으로 벽을 가져 유럽의 위험과 불확실성에서 보호했다.

동전(c. 812~814), 라틴 비문 'KAROLVS IMP AVG(카를로스 황제 아우구스투스)'

중세기 회랑에 대한 최초의 문서 증거는 카롤링거 왕조이다. 대수도원장들은 샤를마뉴의 원예 자문이었고, 랑그도크의 아니아네 수도원장은 독일, 영국 동료들과 서신을 교환하였는데, 예로 800년 경 요크 알퀴인과 치료 식물에 관한 일이다. 이러한 정보의 나눔이 계속되면서 승려들은 차츰 원예 교육의 후견인이 되었다.

동시에 이슬람 세계 접촉은 스페인과 동유럽의 아이디어와 식물 이동을 원활하게 했다. 샤를마뉴의 리스트에 더하여 9세기 상세한 플랜이 스위스 상 갈랜 수도원에서 발견되었다. 세 유형의 정원으로, (i) 병 치료를 위한 약초 정원, (ii) 좁은 화단의 채소, (iii) 과일과 호두나무이다. 이상적인 수도원 정원을 위해 이 플랜의 모든 식물 종은 샤를마뉴 리스트에 포함되었고, 상 갈랜 플랜[34], 샤를마뉴 정원

---

34 세속 정원: 상 갈랜 플랜의 다소간의 개정은 수도원 바깥에서도 발견된다. 즐거운 정원은 수 도원에 결핍된 따뜻함과 친밀을 제공하는 것으로 두 유형이 있다. (i) 사각 혹은 직사각 꽃 정 원은 격자 울타리로 십자 교차길, 분수, 위로 올린 화단, 때때로 과일나무로 특징짓는다. (ii) 장식 과수원으로 상록수, 과일나무들에 연못, 호수를 따라 산책 그늘이 있다. 르네상스의 정 교한 식물 정원에 영감 준 중세 정원은 이슬람 문화에서 배웠다. 스페인 아랍 물리학자가 설 립한 몽펠리에 의과대학은 아라곤 왕국 소유로 1250년경 의약 정원을 세웠다. 샤를마뉴 법령 은 대중의 즐거운 정원 계획도 포함, 그 자신의 즐거운 공원에 공작과 동물을 두고 포도원을 가졌다.

닫힌 정원(Hortus Conclusus, 낙원, 비밀 정원): 솔로몬의 노래(the Song of Solomon)에서 사랑하 는 자의 묘사에서 영감 받았다. "둘러싸인 정원은 나의 여동생, 나의 아내로 샘이 닫히고 분수 가 봉쇄되었다. 식물은 석류나무 과수원으로 즐거운 과일들; 감송과 샤프란, 창포와 시나몬, 유향의 나무들과; 미르와 알로에, 모든 주요 향신로와 함께." 이 비유 정원은 동정녀 마리아의 청정을 위한 시각 알레고리가 되며, 마리아 제식이 활발, 꽃으로 "마리아 정원"를 만들었다. 순결, 청정의 은유 정원에서 미덕 상징이 된 모든 꽃 중에 동정녀 로즈이다.

문학 정원: 중세 문학, 페인팅, 마뉴스크립에서 인기 있는 상상 정원이다. 1280년 『la Roman

법령, 수도원장 스트라보의 글, 정원사 달력에서 이 시기의 심미와 원예술의 합리성을 볼 수 있다.

새 수도원은 높은 벽으로 내부 질서 세계를 바깥 세계와 경계 지었다. 기하 대칭의 화단은 신성 질서(divine order)의 반영으로 해석, 수도원은 과학과 교육 양식장이 되었다. 7세기 "숲 교회", "수도원 숲" 명칭은 숲 지역에 초기 수도원 설립을 제시하고, 나중에 정원 디자인 기초로 식물과 약초 정원, 과수원, 포도원으로 개발되었다. 회랑을 둘러싼 카롤링거 수도원 정원과 농장은 질서 있고, 화단과 우물은 고대 페리스타일 정원에서 유래하였다.

샤를마뉴가 농장 원예에 관심을 가졌으며, 아들 루이 드 피우스도 식물 포괄 리스트『Capitulare』(c. 800)를 발행했다. 왕국 역사가 엥겔베르가 쓴 텍스트는 샤를마뉴의 아헨 팔라틴 왕궁에 설치한 꽃 정원이 증거가 되나, 이 꽃 정원의 웅대함은 아바시드 칼리프 하룬 알 라시드의 식물 선물도 기여한다.

회랑을 둘러싼 열린 공간의 조그만 낙원 정원은 네 부분으로, 세로와 가로 통로, 이 교차에 물 공급 분수가 놓인다. 낙원에 생의 근원을 상징하려 정돈했고, 이곳은 교회 제단에 놓을 꽃, 채소와 약초 경작 외 명상의 장소로 발전했다.

---

de la Rose』은 기사와 결혼한 귀족 부인의 사랑을 설명한다. 한 영웅은 아름다운 장미 꽃봉오리와 사랑에 빠진다. 알레고리, 에덴 같은 중세 세계는 실제 존재하는 정원을 이상화시킨다. 문학에서 기독교 상징은 사랑, 아름다움, 지상의 즐거움의 개인화였다.

르네상스 초기: 14세기 중반, 이탈리아 시인 보카치오는『데카메론』에서 중세 정원을 묘사했다. 전염병을 피하려 피렌체 귀족 그룹이 도시 가까운 피솔레에 문명의 정제된 즐거움을 재발견한다. 정원은 레이아웃에 중세기나 그들의 지적 교양은 훌륭한 르네상스 빌라 정원의 정신을 예언했다.

상 갈랜 낙원 정원은 여러 식물 경작에 구체적 내용을 포함한다. 아마 라이켄아우 도서관 사서 레쟁베르가 830년경 편집, 상 갈랜 수도원장 고즈베르를 위한 것으로, 선택된 과일의 수확은 기독교 부활의 알레고리가 되었다. 플랜은 회랑 정원의 경작 설명서가 없지만, 정원 배합을 설명한다. 나중 라이켄아우 수도원장이 된 스트라보는 정원 식물에 관한 교육 시들을 써 상 갈랜에 선사했다. 그는 식물의 아름다움과 치료 속성을 연구하며 이것을 구원의 기독교 교리와 연결했다. 향기 나는 세이지 잎은 미덕이고, 릴리는 청정과 동정녀 마리아의 순결이다. 로즈도 치료용으로 아름다움과 향내를 즐기며, 그 가시는 그리스도 수난 상징으로 존경받았다.

로마 문화를 이어받은 스트라보의 시들은 베네딕도회 자연 치료의 견문 높은 편집본이다. 다양한 의약 성분은 이국 식물도 포함하는데, 아랍 출처를 통해 소개되었다. 아랍 의학에 수도원 경험 지식을 겸비한 중세 의학책으로 영양과 치료 식물 보존의 기술도 개량되었다.

특히, 중세 성기에 농업과 치료 식물은 빙겐의 힐데가드(1098~1139) 여 수도원장에 의해 격려되었다. 여 수도원장은 1147년 빙겐 가까운 루페르츠베르그에 소 수도원을 세우고, 채소와 약초 화단에서 식물 사용과 상징에 관심을 가져 베네딕도회에 크게 공헌하였다. 차츰 다른 공동체도 정원 개발과 경작에 헌신하면서, 그림이 담긴 *Book of Hours*, 정원 배열 텍스트, 도표 등등이 생산 정원에서 휴식장으로 닫힌 "낙원 정원"의 신성한 사랑의 장소를 묘사하게 되었다. 이것은 즐거움 정원 발전을 반영한다.

즐거움 정원은 12세기 원예의 즐거움이다. 알베르투스 마그누스의 『De Vegetabilibus』(1260)에서 수도원 정원은 온실의 도움으로 과일과 꽃으로 가득했다. 온실은 생산 정원이며 지상낙원으로 즐거움 정원을 가능케 했다. 학자 피에트로 데 크레센지는 『Ruralia Com-modara』(1306)에서 즐거움 정원을 선호하며, 약초의 소 정원과 시민을 위한 중간 치수의 정원에 알로에, 로즈 울타리, 과일나무, 바인열, 초원을 포함했다. 귀족과 부자의 즐거움 정원에는 야생동물과 새를 키우고 물고기 연못과 특수 정원 건물도 제공한다. 크레센지의 묘사는 중세 정원 예술을 확장, 르네상스 수도원 정원의 "그린 낙원" 아이디어로 이끌었다.

라인 지역 프랑크푸르트 대가가 묘사한 낙원 정원

카르투지오회(Carthusian)가 세운 상 로렌초 체르토사(1305)는 48 기둥으로 둘러싼 아케이드 통로에 직사각형 안마당을 가지며, 정원 배열은 묵상과 영혼에 집중하는 신성한 사랑을 목표로 한다. 1410년 "낙원 정원" 그림이 상류 라인 지역에 나타나며, 벽을 가진 이 정원은 그리스도 어머니 동정녀 마리아를 상징한다.

은유 이슬람과 낙원 정원

모스크들은 낙원 정원들이다(폽 아서)[35].

이슬람 장식의 문제는 그 의미이다. 아름다움인가, 혹은 모스크와 관련된 상징인가. 답의 어려움은 거의 모든 디자인이 오너멘트로 해석된다는 사실이다[36]. 다마스쿠스의 그랜드 모스크 건축은 상징을 가지지 않고 반짝이는 외장으로 대변될 수 있다. 그러나 장식은 또한 아이코노그래피 의미를 제시, 같은 모스크에 건축 풍경은 특수 시간에 승리, 영광, 낙원을 반영한다. 안마당(courtyard)의 식물 장식은 낙원의 한 종류로 의미가 부여되며, 이슬람 세계에서 창조하는 모든 정원은 낙원의 은유로서 간주하는 경향이다.

이슬람 오너멘트에서 식물 스크롤의 발전은 '아라베스크(arabesque)'라 부르며 복잡한 장식 패턴을 좋아함이 오아시스 낙원 개념에 부분적 찬사로 같은 의미를 가진다. 둘러싸인 정원은 낙원으로 에덴 정원은 네 강을 가진 낙원을 확인하는 천 년의 우주 믿음에 기초 둔다.

다마스쿠스의 그랜드 모스크에서 낙원의 개념과 안마당의 환기는 일광에 완전히 드러난 벽들의 모자이크 장식을 상기시킨다. 모스크 안마당은 찾아올 낙원의 즐거움을 반영한다. 초기 이슬람 예술은 낙원의 비전에 집중한다. 다양한 주거지는 모슬렘에 의해 정복된 도시들을 대표하는 것으로 해석, 모자이크는 신자를 기다리는 낙원, 즉 지위나 계급을 드러내는 아름다운 낙원이 계속 주시된다.

---

35 The Mosques are the Gardens of Paradise(Pope Arthur).

36 저자가 쓴 『이슬람 캘리그라피』(2014), 『자바이슬람의 건축문화유산』(2015), 『이슬람 건축의 동양과 서양』(2016) 참조.

다마스쿠스 그랜드 모스크 파사드에서 이슬람 낙원 정원

04

상징 초목과
꽃

상징 의미

상징은 지식을 전달하는 수단의 한 기본 방법으로 다른 표현을 피하고 숨어 있는 면을 드러낸다. 쿠퍼(1978)는 인간 마음에 두 스타일의 예술을 가리킨다고 했다. (i) 단순한 것의 상징에 지적 아이디어 표현, (ii) 국가적 특징 스타일에 무의식적 반응이다. 모든 초기 예술은 생, 자연, 신성의 미스터리로 시작했으며 나중에 소유자의 암호가 되었다.

홀메(1894)에 의하면, 장식 예술은 상징과 심미의 두 분야로, 전자는 의미를 대표하고, 후자는 아름다움을 위한다. 이들 각각의 역할을 구별하기는 힘들며, 나아가 오너멘트의 인정은 상징으로 더 복잡하다. 예로, 로투스 꽃은 불교 상징으로 해석하나, 관주자가 로투스를 바라볼 때 그의 마음이 로투스의 상징을 인정하기 위해, 로투스의 모양을 그의 기억에서 본 여러 가지 것과 배합한 후이다.

로우손(1984)은 주장하기를, 모든 의미는 한 지원자, 수단, 소지자가 필요하다. 관조자는 예전의 것을 보조받아 대상물을 인식한 후 그 의미를 이해한다. 그리고 관조자는 오너멘트의 숨겨진 의미를 그의 해석에서 추구해야 한다. 상징 요소는 확인할 수 있는 실제와 종교, 철학, 마술의 신비 영역 사이의 대리인으로 의식적 이해를 무의식으로 연장하기 때문이다.

이 견해를 따르면, 중세기 건축가에게 선택된 모든 초목과 꽃은 오너멘트로써 아름다움만이 아니고 상징이다. 이 점에 그리피스(1852)는 주장하기를, 종교 건축은 진실해야 하고, 실제 대상물을 보이는 동시에 영혼적이어야 한다.

아마도 종교 상징주의가 바깥을 향해 보이는 기호와 형태들에 재현된 믿음의 표현을 의미한다고 말하는 것은 거의 필요치 않다. 그리고 중세기 문학과 오너멘트의 근소한 연구는 초기 작가들, 건축가들, 조각가들이 신비주의에 큰 기호를 가졌음을 확신시킨다. 즉 초자연에 대한 진정한 믿음과 신비하고 설명할 수 없는 것에 대한 기호이다. 이 특질들은 그들의 마음속에 과학적 관찰과 실험 때문에 이제 택해진 장소를 점령한다(히스, 1909)[37].

예로, 나무는 천국과 지상을 연결하는 이미지이다. 그 구조는 두드러진 상징으로, 지상 깊이 숨어진 나무뿌리는 세계 축에 자라며 나이테를 더함으로써 그 시간을 명시하고, 나뭇가지는 천상 영역으로 펼친다. 상록수의 영생 의미에 비교하여 낙엽 나무는 일정한 재생과 재건을 의미하나, 둘 다 다양성의 단결을 제시한다. 세계 축의 나무는 전 우주로서 산의 정상이며, 기둥 꼭대기에 자주 위치한다.

나무에 대한 인간 의존은 성경에서 나타난 지식나무(the Tree of Knowledge)와 생명나무(the Tree of Life)로, 이들은 천국의 재건과 완성의 원시 상태로 돌아옴을 의미한다. 지식나무는 천상에서 첫 인간 타락과

---

37 It is perhaps hardly necessary to say that religious symbolism means the expression of belief represented in outward and visible signs and forms; and a slight study of medieval literature and ornament will quickly convince us that the early writers, architects, and carvers, had a great love of mysticism, a real relief in the supernatural, and a fondness for the mysterious and unaccountable, and that these qualities in their minds occupied the place now taken by scientific observation and experiment(Heath. 1909).

관련한 선악의 지식이다.

이에 관련하여, 실제 클뤼니 로마네스크 반원 기둥머리에 상징 나무가 나타났다. 네 나무(바인, 무화과, 사과, 알몬드)는 복음과 연결하고 기둥의 상징은 나무 모양에서 기원한다. 나무가 뿌리와 하늘로 도달하려는 꼭대기 가지처럼 기둥도 기초와 기둥머리를 가지며, 이 상호 관계는 신성 영역에서 사라지지 않았다. 기둥과 지붕은 하나님이 사는 우주의 상징 형태이다.

한편, 꽃은 여성이고 수동적이다. 싹으로 그 잠재성을 상징하며 그것이 열리며 그 핵심 바깥쪽으로 확장할 때 진전을 묘사한다. 가장 인기 있는 꽃은 동양의 로투스와 서양의 로즈, 릴리이다. 꽃의 열린 형태와 확장은 중심에서 광선이 흘러나가는 바퀴 축으로, 꽃은 "낙원 정원"의 이슬람 개념에서 천국과 영혼이다.

초목은 죽음과 부활, 생의 순환을 내포한다. 꽃과 함께 대지 어머니, 토양 여신, 생식 초목 여신과 연결된다.

초목과 꽃

중세는 로마 제국의 붕괴, 국토 분할과 설립, 농촌 몰락, 기독교 공식화로 종교가 우월한 시대였다. 교회는 기독교 진리의 요새로 여러 상징 역할을 인정하면서 유지되었다. 기독교 상징은 언어와 영적 보편성으로 모든 신자에게 접촉할 수 있었고, 상징 언어는 종교 문화의 생산을 반영하여 기독교 경전들은 알레고리로 풍부하다. 교황은 상징을 수집, 감시하며 경전의 순수한 가르침을 보존하고 교리를 제시하려고 했다. 그러나 상징은 새 해석을 환영했고 시각 세

블랙베리, 빈 디오스코리데스, 초기 6세기, 오스트리아 국립도서관

계도 이 활동을 도왔다.

고대 그리스와 로마의 과학 삽화는 의학 개발에 필수로서, 식물의 영양 가치와 치유력을 소개했다. 수 세기, 고대 경험이 구전으로 내려오며 이것은 이집트 파피루스에 기록되기 전이다. 그 후 그리스 의학에 화보와 히포크라테스의 저술로 식물 지식은 확장되었다. 특히 그리스인 디오스코리데스(Dioscorides)의 5권 책인 『마테리아 메디카(de Materia Medica)』는 약 1,000가지 자연의 치료법을 동식물과 미네랄에서 발견했다.

로마 기독교는 고대 유산의 보호자가 되면서 고전 작품은 대 수도원에 보존, 연구, 복사되고 중세 기독교 과학의 새 개념으로 스며들었다. 베아투스(Beatus) 마뉴스크립과 자연 역사 에세이는 알레고리의 도덕 논평과 함께 풍부해지며 삽화로 설명할 수 있었다. 마테리아 메디카는 의학을 공부하지 않고 가능한 치료법의 책으로, 중세기 디오스코리데스의 평판은 역사가 증명한다. 6세기 카시오도루스는 은퇴 후 종교문화센터 비바리움(Vivarium)을 세우며, 그의 첫 임무는 디오스코리데스의 저술을 평가하고 여러 의학 마뉴스크립을 복사하는 일이었다.

중세기 과학 삽화는 기독교 아이코노그래피에 영향 끼쳤을 것으로, 이것은 제도적으로 사용되었고, 추상적 주제의 적합으로 널리 퍼졌다. 베아투스 마뉴스크립은 중세기를 영적 상징의 수단을 통해 이해하도록 도왔고, 로마네스크 상징들이 교회 포탈, 기둥머리, 바스 릴리프에 나타남은 수도원 당국에 의해 결정되었다.

이미지나 상징을 통해 믿음의 필요성은 인간 의식에 뿌리박혀 어떤 상징은 이교도와 기독교 둘 다 모호한 해석을 불러왔다. 상징의 기독교화는 초목과 꽃 외에도 외국 종교 신화와 죽음 철학, 그리스도 부활과 구제 교리이다. 이 과정은 바인, 아이비, 종려 잎에서 명확한데, 이교도에 기독교 첫 승리(밀라노 칙령: 313, 데살로니카 칙령: 338)로 상징이 풍부해진 탓이다.

성경, 특히 시편과 복음서는 초목과 꽃의 은유와 알레고리로 교회교부들에 의해 논평되었다. 동로마와 서로마 문화에 차이점이 있다. 동쪽 예술은 상징이고, 서쪽 예술은 형상을 주요시한다. 그러나 이집트, 시리아, 팔레스타인 이교 종교들이 초기 기독교 예술을 강화해, 자연히 초목과 꽃은 그리스도 모노그램 혹은 십자와 겸비하게 되었다.

상징의 우월성은 엘비라 카운실(Council of Elvira, 300~303 혹은 309)에서 결정된 것으로 교회의 형상 이미지의 금지이다. 그리고 히에리아 카운실(Council of Hieria, 754) 칙령은 십자만 제외하고 모든 이미지의 파괴를 명령하였다. 고대 문화의 초목과 꽃 상징은 기독교 상징과 아이코노그래피로 융합되며, 로마네스크 이전[38] 시기의 예술에서 이미 선호된 위치를 지킬 수 있었다.

아이비와 밀은 시리아 교회 기둥머리, 콥트 교회 포탈, 석관과 모자이크, 마우솔레움에서 택했다. 교회는 야만 게르만족의 선교사, 고대 유산의 보호자, 그리고 문화 지참인으로서 교리와 미스터리의 설명 수단으로 초목과 꽃을 이해했다. 따라서 로마네스크 이전 예술에 모티프들은 예로 바인, 포도, 아이비, 종려나무, 솔방울, 클로버, 릴리는 오직 장식 기능이라는 개념을 제거하고 기독교 진리를 중재한다. 바인은 그리스도와 성찬, 아이비는 불생과 재생, 종려나

---

38 여기서 "로마네스크 이전"은 로마네스크의 초기를 의미. 카롤링거, 메로빙거, 오스고드, 비지고딕, 아스투리아, 모즈아랍, 롬바르드, 앵글로-색슨 예술을 포함한다. 다음 장에도 자주 사용되는데. 고딕 전의 중세기 시기 구분으로 (i) 초기 기독교/비잔틴, (ii) 로마네스크 이전, (iii) 로마네스크이다.

무는 그리스도와 정의의 승리, 릴리는 구출과 정화, 솔방울은 부활과 영생, 아칸서스는 불생, 클로버는 삼위일체 미스터리, 로제트는 잎 숫자에 따라 구제 외 여러 의미를 가진다. 11~12세기 로마네스크는 서양의 영혼 통합으로 (i) 균형 잡힌 구성 하모니를 추구하고, (ii) 신자들의 종교 감정과 심미 의도, 즉 죄는 추하다. (iii) 조각은 교육과 장식 기능을 강조했다.

마테리아 메디카는 성경 다음으로 읽혔고, 경험 의학과 미신은 식물 치료에 도움을 주었다. 빙겐의 힐데가르드는 그녀의 책에서 릴리와 고사리의 과학 속성과 상징을 쉽게 설명했다.

초기 기독교에서 릴리는 순화와 대속으로 로마네스크에서 순결, 무죄, 처녀성으로 연결되었다. 즉 마리아 속성으로 동정녀이다. 12세기 코덱스 칼릭스티누스(Codex Calixtinus)는 이 상징 속성을 과학적으로 정당화했고 빙겐의 힐데가르드도 마찬가지이다. 고사리는 모든 식물보다 치료력을 가져 마귀조차 시기하였다. 몸 치료와 영혼 보호는 겸손 상징과 배합, 로마네스크 아이코노그래피에 흡수되었다.

고대 신화 지식은 클뤼니 수도원 개혁 아래 기독교 상징 레퍼토리 확장에 기여하며, 죄와 죽음 아이디어인 사과를 선호했다. 옛것과 새 모티프는 고대 정신과 교회의 공헌으로 재해석되면서 아칸서스는 로마네스크 시기에 복잡하고 모호한 상징이 되었다. 문맹 신자들에는 죄 앞에 인간의 약점 혹은 재생, 영혼 불생의 그리스-로마 상징이었다. 이 점은 교육받은 승려들이 수도회 공동체에서 문맹 신자들과 접근할 수 있게 했다.

종려의 추상화는 팔메트로 신석기 메소포타미아, 근동, 고대 그리스, 로마 문명에서 이미 채택되었고, 이것의 생식, 생, 재생, 승리 의미는 기독교 상징에 포함되었다. 종려 가지와 팔메트는 새 종교 기본으로 순교자의 죽음 후 승리, 십자가 처형의 사전 설정, 그리스도 부활, 영혼 불생, 대속, 구제를 의미했다.

초기 기독교 아이코노그래피는 로마네스크 이전의 프로그램에 융합되어 천국 낙원의 알레고리를 창조했다. 고사리는 겸손, 미덕이며 신성한 장소의 사악을 없앤다. 그리스-로마에서 불생 솔방울은 영생의 영혼인데, 로마네스크 클뤼니의 아이코노그래피에서 기독교 신자들의 최고 보상은 영생을 소유함이다. 빈번히 나타나는 사과는 종종 아칸서스, 팔메트, 고사리와 겸비하며 죄와 죽음을 뜻한다. 그리스 신화에서 욕망, 죄, 유혹과 무질서 그리고 에로틱 로마 문화로 사과를 사악과 성기를 상징하는 과일로 욕망과 육체의 죄로 언급함은 이해된다.

로제트는 중심에서 방사로 배열된 꽃잎들로 팀파눔, 아치볼트, 처마장식에 만나는 자연의 꽃 로즈의 양식화이다. 상징은 꽃잎 숫자에 따라 다르다. 아이비는 로마네스크 이전에 발견하였고 장수와 탄력으로 지방에서 영원, 불생의 의미를 가진다. 삼위일체의 미스터리 클로버는 교회교부들에게 무시되었는데, 로마네스크 이전 시기의 보편적인 모티프가 로마네스크 시기에서 드물 수도 있다.

바인은 그리스도와 성찬으로 초기 기독교, 로마네스크 이전과 로마네스크에 중요하지만, 조그만 숫자는 둘째 중요성으로 클뤼니 아이코노그래피에 종교개혁을 반영한다. 육체의 죄이며 사악과 지옥의 공포이다. 성찬 초대로 영혼 재생, 불생으로써 클뤼니는 새 로마네스크 발전과 퍼짐에 책임지면서 새 종교 충동의 초목과 꽃을 선정했다.

사과(Apple)

프란츠 유진 퀼러가 그린 사과나무(Malus pumila)의 꽃, 과일, 잎
(Köhler's Medizinal-Pflanzen)

초기 기독교 건축 장식에, 고대 그리스의 불멸 상징이자 아폴로 신의 속성인 사과가 소개되었다. 4세기부터 로마 산타 콘스탄차 마우솔레움의 돔 모자이크는 가지, 꽃, 과일과 대상물이 새들과 함께 나타나 지상낙원과 불멸의 삶을 가리킨다. 사과의 알레고리가 초기 석관과 비석의 모티프로 충분함에도, 그림에 드문 점을 보아 사과의 원래 불멸 상징은 우세한 것 같지 않다.

로마네스크에 들어서, 사과는 인간 타락을 재현하는 필수 요소로 기둥머리 조각과 아치볼트에 빈번하게 등장하는 주제였다. 클뤼니 두 기둥머리에서, 하나는 아담과 이브가 그들의 실책으로 사과나무 뒤에 숨으며 뱀이 사과 줄기를 감고 있다. 다른 것은 낙원 강과 네 나무로 사과, 무화과, 바인, 올리브 줄기와 가지로 바스켓 기둥머리의 각각 한편을 점령한다.

사과는 조각된 꽃들에서 보편적으로 나타난다. 다소 사실적으로 큰 아칸서스 잎, 고사리, 팔메트와 함께 로마네스크 성기의 대 건물과 지방 마을 종교센터에 나타났는데, 순례 길의 가스코뉴 상 세베르 드 루스탄, 툴루즈 상 세르낭, 우에스카 하카, 부르고스 산토 도밍고 데 실로스, 프로미스타 상 마틴, 레온 상 이시도르, 산티아고 데 콤포스텔라 교회와 회랑이다.

종종 사과의 실질 재현을 확인키 어려워 "공" 또는 "튜브"라 부른다. 몇 학자는 다양한 로마네스크 기둥머리에 사과를 명확히 정의하고 상징을 부여했는데, 스페인 레온 상 이시도르의 사과, 아칸서스 잎과 솔방울은 무덤을 상징한다. 산토 도밍고 데 실로스의 야콥 채플에서 사과는 타락과 죽음의 전통 상징을 묘사한다. 한 이론에 의하면, 스페인 기둥머리에 빈번한, 가시 잎에서 자라는 사과는 기독교 미덕을 이해하는 향기이다. 사과나무는 그리스도 상징으로 교회의 어둠과 성인들의 영혼이 상쾌하고 의로움을 찾는다.

중세 상징의 사과에 관한 번역 해석은 초기 교회교부들의 텍스트에서 발견되며, 죄와 죽음이 아담을 통해 세계에 왔으며 그리스도는 세상의 죄와 구원을 위해 그 자신 대속을 하였다.

전통은 사과나무를 선악나무 그리고 지식나무와 항상 비유하는데, 유혹과 사악이다. 지식나무는 오렌지, 사과 혹은 석류, 바인 혹은 무화과이지만, 예술가들은 사과를 우선한다. 사과는 창세기 헤

클뤼니(위 왼쪽), 프로미스타 상 마틴(위 오른쪽), 산토 도밍고 데 실로스(아래)

오툰 성당 북쪽 포탈, 기슬레베르투스(Gislebertus)가 조각한 이브

스페리데스 정원에 신비한 나무로 용에 의해 보호되었고, 유혹자 뱀에 얽힌 과일은 인간에게 금지된 에덴 정원에서 자랐다. 트로이 왕자 파리스가 헬레네를 얻기 위한 판단 사과는 사랑의 선포로 해석된다.

어쨌든, 사과는 선악의 지식나무에서 욕망, 죄, 유혹, 금지 과일이다.

이 점에 몇 학자는 동의한다. 사과의 근원은 라틴어 *malum*으로, 사악과 사과의 이중 의미이다. 로마 문화에서 과일이 소유한 의미는 에로틱한 남성 성기에서 유래하여 단어의 지방성은 혼동을 일으켜 사과는 원죄와 죽음 상징이 되었다. 로마네스크 클뤼니 개혁으로 이교 고대 문화의 열림과 그레코-로마 신화의 재발견, 동시에 교회교부들의 성경 해석들은 사과가 기독교 상징에 기여한 결정 요인이다.

사과는 클뤼니 수도회의 죄와 죽음의 아이디어로 신자들에게 처벌의 두려움, 슬픔과 후회들이 신의 용서와 영원 구제를 통해 얻는다는 감정을 일으켰다. 클뤼니 개혁은 죄지음의 인식을 촉진하는 것으로, 이 문맥에 불길하고 금지된 사과는 로마네스크 아이코노그래피에 적합하다. 죄는 사과, 악마 그리고 죽음을 통해 세상에 왔다.

클로버(Clover)

기독교는 알레고리로 가득하며 교회교부들은 상징으로 새 종교를 조형화시켰다. 클로버는 초기 비잔틴 예술에서 주 모티프로 작용하는데 콘스탄티노플 요한네스 수도원에서 만든 진흙 태블릿(463)의 세 잎이 이것을 증명한다. 비잔틴 장식에 아칸서스의 고립은 클로버 잎과 밴드를 불러와 6세기 시리아에서 나타나 교회 벨 기둥머리에 자연적인 클로버가 나타났다. 비잔틴 황금 시기에 이 모티프는 시리아 전체에 퍼졌는데, 제국이 기독교 휘장 아래 수도원을 설립했기 때문이다.

시리아 기독교 건축은 장식이 풍부하고 종교 사상을 포함하였다. 바알(Baal) 종파의 제식 추종자는 장식을 통해 믿음을 표현했고, 이 보편적 실습은 유대인과 기독교인의 종교 공동체에 영향 끼쳤다.

팔레스타인 유대인들은 3세기경부터 그들 믿음을 유대 교회당 기둥머리와 린텔에 장식으로 표현했고, 기독교인들은 이 전통을 이어받았다.

팔레스타인, 이집트, 그리스 교회들에서 많은 기둥머리, 처마, 교각에 그리스도 모노그램이나 십자가, 특정한 동식물과 함께 그들 상징을 보충한다. 기독교가 자유화되며 초기 교회 상징들이 동쪽으로 퍼지면서 시리아에 두 경향이 일어났는데, 이교도에 대항하여 기독교 합병 투쟁과 북쪽 원주민 건축 장식의 반영이다. 5세기 기독교 예술은 이교도 건축에 기초 둔 헬레니즘과 지방 형태를 배합했다.

따라서, 어떤 모티프는 초기 기독교에 나타나 비잔틴을 통해 이슬람 우마이야로, 어떤 모티프는 서쪽 로마네스크 이전과 로마네스크 건축으로 사회, 종교적 의미를 이루었다. 클로버는 종교, 사회

산탄데르 산티아나 델 마르

117

면에서 이교도와 기독교 장식 주제로 상징을 지닌다. 조그만 클로버 세 잎은 교회교부들에게 메시지를 부여하여, 잎의 세 나눔은 삼위일체를 상징하는 삼인조로 비밀 믿음을 표현한다. 아일랜드 선교자 패트릭은 삼위일체의 미스터리를 신자들에게 설명하려 클로버를 택했고, 전설에 의하면 이 나라의 문장이 되었다. 클로버는 기독교 상징이다. 그러나 중세 건축 조각에 클로버는 큰 역할을 하지 않는다. 모티프는 비지고딕에 종종 나타나 7세기 바다호스의 푸에블라 데 라나 레이나의 화이트 대리석 태블릿은 현재 마드리드 고고학 박물관에 보관되어 있다. 윗부분은 포도, 가리비, 릴리이며, 아래

오베이도 상 미구엘 데 리요

는 기하 장식으로 중심에 경계를 짓고 수직으로 배열된 아이비와 클로버 잎을 감은 텐드릴이다. 그리고 아스투리아 오베이도 상 미구엘 데 리요의 기둥머리에서 바인과 클로버를 만날 수 있다.

릴리프 형태의 클로버는 산탄데르 산티야나 델 마르 회랑 기둥머리에 보이는데, 서로 얽힌 클로버 줄기는 기둥머리를 감싸고 자연을 사실대로 묘사한다. 클로버는 다른 식물과 함께 로마네스크 이전과 로마네스크 예술의 교회 가르침에 사용되었다. 나뉜 세 잎은 삼위일체의 신비를 간결하면서도 완벽하게 자연에 익숙한 기독교인을 묘사한다.

고사리(Fern)

기독교 환경은 새 종교 예술에 여러 모티프를 도입하려 적절한 틀을 제공하였다. 이 과정을 발견함은 쉽지 않지만, 기독교 초기에 동쪽 지역에서 일어났다. 5~6세기 북시리아의 비잔틴 교회들에서 양식화되고 털을 가진 긴 잎으로, 이것은 중세기 서쪽에서 의미를 부여하며 로마네스크 조각에서 주요하게 사용되었다.

고대 예술에 고사리 출현 시기는 추정하기 힘드나, 그 출현과 재현 이유는 알려져 있다. 중세기 교회의 귀속된 교리 성격으로 자연의 모티프는 예술 작품에 점차 동화를 가져왔다. 초본식물 고사리는 다른 식물처럼 화려한 아름다움, 달콤한 꽃, 신선한 과일 혹은 풍부한 잎을 가지지 않고, 약하고 섬세하며 그늘진 숲, 반쯤 숨겨진 장소에서 자란다.

교회교부들은 이 특성을 알고 고사리를 겸손으로 설명, 솔직과 성실함으로 세상을 떠난 은자의 겸손하고 격리된 생활과 비교했다. 여러 종의 고사리는 기독교 본질인 미덕으로서 겸손 메시지를 전한다. 특히 농노들이 그들의 지주 특권층에 종속됨을 확신시켜야 사회가 유지될 수 있었고, 당시 클뤼니 수도회 개혁에 교리적 요구와도 통하여, 고사리는 모든 고통의 만병통치였다. 실제, 중세기 고통과 질병은 악마의 현상으로 간주하여 고사리는 대중 믿음이 아니고 종교적 환경에서 신성한 성격으로 변했다. 악령을 축출하고 악마에서 몸을 지키는 힘을 소유한다.

여 수도원장 빙겐의 힐데가드는 쓰기를

고사리는 따뜻하고 메마르고 약간 단맛을 가진다. 굉장한 힘을 가져 악령이 도망간다. 미덕의 일부는 태양 같다. 태양은 어둠을 비추며, 악령과 사악한 것들은 필사적으로 도망간다. 고사리가 자라는 장소에 악령은 그의 수법을 사용하지 않는다. 그리고 고사리는 사악이 있는 집과 장소를 부끄럽게 하고 두렵게 하는데, 천둥, 번개와 우박이 거의 없고 고사리가 자라는 장소에는 거의 우박이 떨어지지 않는다[39].

---

39 Der Farn ist sehr warm und trocken und hat etwas Zucker in sich. Aber er hat eine so große Kraft in sich, daß der Teufel ihn flieht. Einige seiner Tugenden ähneln denen der Sonne, weil wie die Sonne das Dunkel erleuchtet, er selbst Dämonen in die Flucht schlägt und daher bösartige Geister ihn verschmähen. An dem Ort, wo er wächst, übt der Teufel selten seine Künste, und er erschmäht Haus und Ort, wo sich der Teufel aufhält und erschreckt ihn, daß Blitz, Donner und Hagel dort selten wiedergehen und auf den Acker, wo er wächst, selten Hagelschlag fällt.

고사리가 악령을 멀리한다고 주장한 12세기 빙겐의 힐데가드 글은 베둔 교주, 클뤼니 알베르, 교황 위쟁 6세처럼 종교 이단을 허용치 않는 교회 당국에서 칭찬받았다. 고사리는 악령에게서 인간을 보호하고 영혼의 힘으로 구제한다. 당시 예술은 수도회의 아이디어로 종교 봉사 수단이었다. 창작 과정에 규정된 방향으로 상황, 영적 요구, 종교적 자극을 제공하고, 표현 모양을 선호했다. 클뤼니 개혁의 야망은 악령의 두려움으로 신자를 뉘우치게 하는 것으로, 고사리는 클뤼니 질서의 독단적 요구를 충족시켰다.

로아르 성(왼쪽), 산타마리아 데 아길라 데 캄포(오른쪽)

산토 도밍고 데 실로스(왼쪽), 산티아냐 델 마르(오른쪽)

로마네스크 기둥머리에 고사리는 악령과 유혹에 취약한 신자들에게 겸손과 미덕을 가르치는 교리이다. 여러 유형 고사리는 조각가의 선택에 달렸으나, 고사리는 같은 메시지를 전달하고 민간요법과 농촌에서 인정되었다.

　　로마네스크 아이코노그래피에 고사리는 몸 치료, 영혼 보호, 교회교부들에게서 보증된 겸손과 성실의 상징이다. 신성한 장소에서 악령을 몰아내고 유혹에서 연약한 신자들을 기억하게 한다. 고사리는 특히 기둥머리에 다양한 종류로 널리 퍼졌다. 산탄데르 산티야나 델 마르, 산티아고 데 콤포스텔라, 프로미스타 상 마틴에서 감아올리고 스타일화된 고사리 유형을 본다. 포아티어 상 힐레르, 캉 생트 트리니트에서 새들이 고사리와 겸비한다.

　　한 유형의 고사리는 한 줄기 양쪽에 조그만 잎들로, 아빌라 상 빈센테 서쪽 포탈 아치볼트에 나타났다. 컬이 진 잎과 함께 산토 도밍고 데 실로스, 산타마리아 데 아길라 데 캄포에도 보인다. 다른 유형의 고사리는 둥근 구획에서 직접 나오는 줄기와 길고 좁은 잎을 가졌다. 우에스카 로아르 성 교회, 게로나 갈리강스, 프로미스타의 상 마틴, 산티아고 데 콤포스텔라, 산토 도밍고 데 실로스, 프랑스는 하게모 상 지롱과 우날의 상 마탱이다. 바스켓 기둥머리 아래는 로제트가 부조되고 위에 네 개의 큰 잎은 고사리임을 쉽게 알 수 있다. 이탈리아 투스칸에서 그로피나 상 피에트로 기둥머리 한편에 만도라의 그리스도, 다른 편에 열쇠를 쥔 상 피터, 삼손과 사자, 제자들로 둘러싸인 예언자가 있는데 이 네 지역을 고사리가 분리한다.

　　어떤 고사리 유형은 중간 줄기에서 잎이 나오며 얼룩덜룩한 점으로 식별된다. 산티아고 데 콤포스텔라, 오비에도 카마라 산타, 산타마리아 데 아길라 데 캄포, 사라고사 베루에라, 캉 생트 트리니트 기둥머리가 좋은 예로 고사리는 인간 가면처럼 조각되었다.

또한 고사리의 비유적 표현을 볼 수 있는데, 가스코느 상 세베 수라 도푸 기둥머리에서 사자와 함께, 혹은 부르군디 안지 르 독 본당에서 새들이 쪼는 뿌리 끝을 가진 고사리 잎들이 그것이다. 오툰 상 라자레의 그리스도 탄생에서 고사리는 흥미롭다. 기둥머리 한쪽 면 침대에 마리아가 누워 있고, 아래에는 두 고사리 잎이 나선형으로 말리고, 다른 큰 잎은 침대 뒤쪽으로 올라가 기둥머리 위쪽을 채운다. 빙겐의 힐데가르다 언급한 중세 견해를 반영한다[40].

민간의학에 사용된 로마네스크 고사리 장식은 어떤 유형이든 같은 의미로, 신자들이 쉽게 해독하게 메시지를 전한다. 예술가는 의식적으로 자연을 의식하고 프리즈와 기둥머리를 고사리로 단장하며 건축 장식에 추상 규칙을 세우고 패턴을 사용하였다.

고사리의 상징은 완전히 이루어지지 않았으나, 순례 길에 끊임없는 현존은 클뤼니 덕택이다. 클뤼니는 순례를 촉진했으며 이 길을 통해 교회 아이코노그래피를 가르쳤다. 따라서 전 유럽에 흩어진 로마네스크 기둥머리 고사리는 장식이 아니고 클뤼니 상징으로 이해되어야 한다. 미덕의 메시지로, 인간의 약점과 유혹을 상기시킴이다.

---

40 Deshalb soll ein Weib, das ein King gebärt, mit solchem Farn umwickelt werden, ebenso die Wiege und das Kind selbst, damit der Teufel um so weniger Besitz nehmen kann, weil der Teufle, sobald er das Gesicht des Kindes erblickt hat, es sehr habt und in ihm einsitzt.
그러므로 왕을 임신한 임산부는 요람과 어린이처럼 고사리로 감싸야 한다. 그래야 악마가 소유물을 가질 수 없는데, 왜냐하면 그는 아기의 얼굴을 보자마자 미워하고 그를 감금한다.

호스테일(Horsetail)

고대와 기독교 예술에서 호스테일이 모티프로 사용됨은 알려지지 않고 이교도 전통이나 성경 텍스트, 교회교부들의 논평도 없다. 11~12세기 로마네스크 예술에서 알려진 것은 긴 호스테일 줄기에 둘러싸인 쪼그린 새로 이 묘사는 아이코노그래피에서 중요하며, 이 시기에 호스테일의 재현, 사용과 널리 퍼짐을 제시한다.

기둥머리 바스켓을 장식하는 줄기 모양에 유사성이 있는데, 중간 매듭과 풍부한 가지로 둥글고 감아올린 긴 줄기는 호스테일임을 확인한다. 때때로 새가 뽑는 이삭은 코임브라 세 벨하, 부르군디 틸차틀, 제네바 상 피에르에 나타났다. 그리고 레온 상 이시도로는 비옥한 줄기에서 새가 뽑는 이삭을 볼 수 있다.

로마네스크 기둥머리에 호스테일 장식은 자연에서 영감 받은 예

코임브라 세 벨하

산티야나 델 마르

상 레미의 상 폴 데 모솔

술가의 창조인지, 교회 당국의 도덕 교육에 의도적 결정인지 확실하지 않다. 모티프는 고대 상징 레퍼토리나 중세기 텍스트에도 없어, 로마네스크 예술에서 호스테일은 상징이 아니고 장식임을 강조할 수 있다. 그러나 새는 기독교에서 믿음의 이미지를 상징하므로, 이 문맥에서 중세기 호스테일은 나쁜 잡초의 의미인 것 같다.

호스테일이 지방보다 중심지의 빈번한 숫자에서 상징 가치를 거의 정당화할 수 있다. 더하여, 여러 서식지와 마르고 황폐한 숲, 초원, 습지, 강 지역에 호스테일의 확산으로, 아마 교회 당국이 이 모티프를 선택하여 특수 메시지를 전달하기 위해 지방으로 가지고 간 것 같다. 기둥머리에서 나쁜 잡초에 싸여 이삭을 쪼아 먹는 새는 죄지은 기독교인의 이미지를 일깨운다.

아이비(Ivy)

초기 기독교 예술로 채택된 아이비는 중세기에 들어서 동서양에서 지리적으로 광범위하게 퍼졌다. 아이비는 미적 가능성뿐만 아니라 그것이 보유한 종교를 의미한다. 그리스 신 디오니소스에게 헌정한 이 신성한 식물은 육체와 영혼의 갱신, 불생과 영원을 상징한다. 초기에 아이비의 상징 묘사는 많지 않으나, 수 세기 모티프의 존재를 증명한다.

5세기 시리아 이드야르 홀리 아포슬의 석판, 아치볼트 및 린텔에서 아이비 덩굴의 장엄함이 보인다. 린텔에는 크리스몬이 보이며, 두 프리즈와 네 모서리에 양과 비둘기 같은 형태가 있고, 낮은 프리즈에 아이비 덩굴은 상징으로 명백하다. 다른 예는 4~5세기 아테네 비잔틴 박물관 기둥머리로서 네 하트(heart) 모습의 아이비가 십

자 중간에 놓여 있는데, 모티프는 그레코-로마의 자연적인 잎이 아
니고 스타일화, 추상 형태로 시리아 예술의 증거가 된다. 역시 기독
교의 구제 영원과 불생을 구현한다.

　기독교 예술은 밀라노 칙령 후 종교의 자유에 따라 스타일 보급
이 장려되며, 석관에 구, 신약 장면이 소개되면서 형식과 상징의 의
도를 가지게 되었다. 바티칸 유니우스 바수스(359) 석관의 두 레지스
터의 위쪽 중앙에는 로마 황제의 아이코노그래피를 사용한 그리스
도의 왕의 위엄을 나타내는데, 그리스도는 앉아 있고 우주는 그 발
앞이다. 두 기둥에 과일과 함께 아이비의 기어오름은 영생과 영원
의 메시지이다.

　비잔틴 조각에서 아이비의 첫 황금시대는 라벤나와 콘스탄티누
스의 제단과 석관에서 나타난다. 라벤나 상 아폴리나레 누오보 제
단은 아이비로 장식, 재탄생과 불생의 메시지가 완연하다. 클라세
상 아폴리나레는 콘스탄티누스 무덤 모티프로 기독교 릴리와 모노

보도의 상 스랑 석관

그램을 선택했으며, 바닥은 매듭에 텐드릴로, 아이비는 영원의 상징을 강조한다.

로마네스크 이전 시기, 메로빙거 조각 예술에서 아이비는 아칸서스, 바인과 함께 자주 묘사되었다. 기둥머리, 제단, 석관으로 모아삭과 툴루즈의 대가들이 만들어, 아이비, 아칸서스, 바인에 기독교 모노그램을 겸하여 상징이 재확인된다. 즉, 6세기 갈로-로만 워크숍이 비지고딕과 메로빙거 통치 아래 만들어져, 아이비가 남아 있음을 의미한다.

아이비는 다른 기독교 상징과 함께 랑고바르드와 카롤링거 마우솔레움 제단과 설교단에서도 발견된다. 움브리아의 페렌틸로 발레 상 피에트로는 롬바르드 릴리프로, 수 세기 전 스폴레토 롬바르드 공작의 매장 장소였다. 일부 석판은 유명한 우르수스 마기스터 제단에 재사용되었고, 4잎 또는 6잎 로제트와 아이비가 나타난다. 카롤링거 돌 제단은 방스 성당에 보존, 그 석판에는 아이비, 새와 다른 모티프가 장식되었다.

비지고딕 교회로 스페인에서 가장 큰 카베짜 데 그리고 기둥은 아이비 텐드릴과 기독교 모노그램을 간직한다. 아스투리아 예술에 오렌세 상 지네 데 프랑세로스에 아이비 텐드릴이 한 아치의 앞면을 달린다. 아이비는 디오니소스 제식에서 종교 철학으로 기독교에 병합되었다. 기독교 아이코노그래피와 이교도 상징의 동화와 생존으로, 고대 모티프는 재탄생, 불생의 의미를 보유하며 새 종교에 채택됨을 암시한다.

아이비는 로마네스크 예술에 사용되었으나, 상징은 이차적인 역할이다. 모티프는 상 길엠 르 데서르 회랑 기둥머리와 나바라 피테로 지방 교회 모서리 장식에 나타났다. 로마네스크 조각에서 아이비의 부재와 교회의 지방 특징은 아이비의 소수 역할로 미적 가치

뉴욕 메트로폴리탄 클로아스터 뮤지엄에 보관된 상 길엠 르 데서르

가 있다. 지방에서는 상록수로 불멸과 영원 상징으로 개발되었지만, 널리 퍼진 아이비는 중요성을 잃었고 잊혔다.

릴리(Lily)

헨리 존 엘웨스의 "A monograph of the genus Lilium", 월터 후드 핏치
(1817~1892)의 그림, Taylor and Francis, London(1880)

기독교에서 릴리는 두 의미를 가진다. 그리스도의 속성과 구원, 순
결의 마리아 속성이다. 릴리는 봄에 피는 첫 꽃으로 생물 주기에서
새로운 생과 재생이며 이집트 파라오 속성에 귀속되었다. 기독교는
그 자체의 상징으로 릴리를 인류 구원을 위해 세상에 온 그리스도
로 식별함으로써 종교 사상에 맞추었다. 이 보편적 동일화는 인류
역사에 항상 존재하는 혼합주의의 증거이다.

교회교부들에게 릴리의 상징 기원은 솔로몬의 노래에 있다. "나는 사론의 꽃과 계곡의 릴리이다. 가시 속에 자라는 릴리처럼 나의 사랑은 딸들 속에 있다(솔로몬의 노래 2:1)[41]." 구절의 은유는 미스터리와 신성 계시로 가득하며 릴리를 그리스도라 불렀다. 교회교부 히에로니무스는 말하기를, 그리스도는 진지하고 그의 순결에 화이트, 그의 수난은 레드와 퍼플 컬러이다. 실제, 릴리를 그리스도로 인식함은 12세기 후였다. 성 유케리우스는 쓰기를,

그리스도는 부활의 영광을 위한 릴리로, 그의 외부는 그의 영혼의 영광 때문에 화이트 컬러이다. 그의 수난 전에 닫힌 릴리가 나타났다. 수난 후 인간성의 릴리는 신성의 맑음으로 그 영광을 우리에게 보이는데, 이것은 그가 세계 창조 하나님으로 받은 것이다[42].

따라서, 프랑스 부르봉 왕조를 대표하는 릴리 문장은 중세 초기에 시작한다. 메로빙거 왕 클로비스(466~511)는 기독교 개종 후 침례를 통해 정화를 보이려 릴리를 선택, 꽃은 프랑크 왕의 존엄으로 사용되었는데, 순결, 그리스도의 대속과 인간 멸망에서 깨끗해짐을 의미한다. 침례는 정결한 영혼을 가진 새 영적 삶의 재탄생이다.

중세 중기에 릴리는 더 넓은 상징을 가져, 순결, 무죄, 처녀성의

---

41 I am the rose of Sharon, and the lily of the valleys. As the lily among thorns, so is my love among the daughters (Song of Solomon, 2,1-2). (King James Version)

42 Christ is a lily for the glory of his resurrection, white outside because of the splendor of his soul. Before the Passion, the lily appeared closed. In the Passion she was crowned with honor and fame. After the Passion, the true lily of humanity is revealed to us in all its glory of divine clarity, which he had received from the Father before the creation of the world.

의미가 첨가되었다. 꽃의 섬세한 향기, 뿌리줄기의 특성, 연꽃과 화이트 컬러 릴리의 동일화는 중세의 비유적 표현에서 확장된 상징을 우호했을 것이다. 코덱스 칼릭스티누스조차 이 꽃을 대지 어머니의 순결로 묘사했다. 사랑의 기독교 상징으로 이중 의미를 가지며 시대에 따라 다른데, 초기 기독교와 중세 초기에 릴리는 그리스도와 그의 대속, 중세 후기에는 순결과 마리아의 속성이다.

고대 릴리 상징은 기독교와 융화 후 초기 예술에 여러 스타일로 나타났다. 그 아이디어와 형태는 이집트 콥트 예술이 증거한다. 비잔틴은 5~6세기 라벤나의 클라세 상 아폴리나레 12사도 석관, 대주교 테오도르의 기독교 기호로 크리스몬, 십자, 바인, 아이비 텐드릴이 릴리로 끝맺는다. 그리스도는 하나님, 왕, 인류 구세주로 그리스도의 영광을 강조하는 메시지이다.

5~6세기 로마 몰락 후 암흑의 서유럽에서 독립 왕국이 점차 형성, 기독교화되면서, 조각 형상은 거의 사라지고 식물이 대치되면서 새롭고 다소 스타일화로 상징과 교육 기능의 이미지가 되었다. 로마

상 후앙

산 엠메람, 레겐스부르크

밀라노 산 암브로조(위 왼쪽), 산티아나 델 마르(위 오른쪽), 무르하트 발터리히스 채플(아래)

교회의 믿음과 동시에 야만인의 기독교 개종으로, 예술 재현에 표현된 것은 통합 주제인 십자, 새, 로제트, 종려, 바인과 릴리이다.

로마네스크 이전 시기에서 릴리는 메로빙거, 비지고틱, 랑고바르드, 앵글로-색슨 예술에 나타났다. 롬바르드건축 파편으로 프리아울 치비달레 박물관과 라벤나 석관에 네 릴리가 십자를 싸고 있다. 8~9세기 밴티미글리아 산타 마리아 제단 패널에 릴리는 십자로 프레임하고, 작은 가지의 바스켓 장식을 보인다. 카롤링거 파편이 방스에 재사용되며 본당 벽기둥 판에 새, 릴리, 로제트와 아이비 잎이 보인다. 롬바르드 리구리아 놀리 상 파라고리오 제단에서 네 릴리는 십자 기호를 만든다. 각 십자는 둥근 메달리온에 싸이고 로제트와 바인과 함께한다. 비지고딕 상 푸루투오소 데 몽테리오스에서 제단 릴리프는 동물 그리핀과 함께, 이것은 나중에 코르도바 모스크 기둥머리에 재사용되었다. 게르만 조각에서 릴리의 사용은 그리스도의 속성이고 순결과 구제의 상징이다.

릴리는 로마네스크 회랑 기둥머리에서 스타일화되었다. 산티야나 델 마르, 갈리간스, 소스 델 레이 카톨리코이다. 아칸서스 혹은 종려와 함께 바스켓 기둥으로 투루누 상 필베르에도 보인다.

솔방울(Pine Cone)

메소포타미아의 솔방울은 아카메니드와 사사니드 예술에 매우 중요하지만, 사사니드 스터코 장식은 기하와 꽃 스타일화로 솔방울을 파악하기 힘들다. 몇 이슬람 학자는, 사사니드 장식 레퍼토리에 속하는 솔방울이 상징 혹은 장식인지를 묻는다. 솔방울은 동쪽으로 퍼져 이슬람 예술에서도 발견된다. 우마이야는 정복한 곳들의 예술과 동화하여, 솔방울은 우마이야와 아바스 왕조에서 인기 모티프가 되었다. 팔메트, 바인 잎 혹은 포도와 배합하여 예루살렘 돔 어브 록과 므사타 궁전에서 종려와 솔방울이 조화를 이룬다. 이집트와 8세기 후기 스페인도 마찬가지로, 모티프가 나타난 장소를 고려하면 상징의 예술 표명으로 단지 장식이 아니다.

솔방울의 이중 의미는 기독교 예술에도 병합되었다. 첫 세기 솔방울은 보조 역할로 카타콤이나 마우솔레움 벽화에 보이지 않았고, 5세기 석관 뚜껑에 비늘처럼 장식되었다. 그리고 성경 구절이나 신학 논평이 없음에도, 일부 학자는 솔방울에 상징 가치를 부여한다.

중세 초기에도 솔방울은 드물지만, 비지고딕 벽기둥, 기둥머리, 처마장식에서 찾을 수 있다. 비지고딕 사르디 상 미카엘의 주교 클라비스는 이교도와 싸우기 위해 고대 그레코-로마 전통 상징에 관한 정경을 만들었다. 솔방울은 디오니소스 예식과 연결된 상징으로 파괴와 죽음 후 재탄생의 미스터리이다. 하나님 왕국에서 영원한 생의 부활은 기독교 교리에 적합하여, 아마 솔방울의 불생 상징은 생식 의미와 중첩된 것 같다.

솔방울은 교회 내부 성소를 제한하는 칸막이 판에서 발견되는데, 이곳은 천국 예루살렘을 가리켜 불생의 명확한 곳으로 참고된다. 비지고딕의 자모라 상 페드로 데 라 나베에서 솔방울의 중요성을

자모라 상 페드로 데 라 나베 성역

자모라 상 페드로 데 라 나베, 다니엘과 사자(왼쪽), 이삭의 희생(오른쪽)

확인한다. 기둥머리와 프리즈는 예배와 교육용으로 신자들에게 용기를 주며, 트랜셉트와 승리 아치 기둥머리도 솔방울로 아이코노그래피를 재현했다. 서쪽 기둥의 기둥머리는 성경 주제로 사자 굴의 다니엘과 이삭의 희생을 나타냈다. 동쪽은 새들이 바인을 쪼고 있다. 승리 아치의 두 기둥머리는 솔방울 모양의 과일이 보인다.

한 이론은, 서양에서 메시지는 아브라함이 신자들에게 하나님에 대한 복종을 청한다. 승리 아치의 솔방울은 영생을 뜻하는데, 왜냐하면 승리 아치는 천국 예루살렘의 알레고리이고 십자는 죽음과 부활, 12잎 로제트는 영원, 솔방울은 불생이기 때문이다. 신자들에게 죽음 후 영생에 이르는 것을 충고하고, 이것을 따르는 의로운 자는 죽음 후 불생으로 천국 예루살렘에서 살 것이라는 약속이다.

모즈아랍 예술에도 솔방울은 중요하다. 상 세브리안 데 마조테 기둥머리와 상 미구엘 데 에스칼라다의 칸막이 판은 솔방울, 잎 줄기, 새들로 구성되었다.

상 쿠가트 델 발레스(왼쪽), 상 피에르 에 상 베노아 데 페르시 레 포즈(오른쪽)

　로마네스크 예술에서 솔방울은 기둥머리, 처마장식, 아치볼트에 초목, 꽃과 함께 나타났다. 기둥머리에는 거의 항상 큰 아칸서스 잎이나 팔메트로 그 끝에 솔방울이 달렸다. 판테온 데 로스 레이에스, 우에스카 하카, 산토 도밍고 데 실로스, 프로미스터 상 마틴, 상 세르낭과 모아삭이다. 오베뉴 모잣에서 네 나체 남성이 무릎 꿇으며, 팔을 기둥머리에 걸린 솔방울에 가까이하려 올린다. 다소 자연적으로 묘사된 솔방울의 빈번함은 질문을 던진다. 생식과 불생의 수천 년 상징으로써 로마네스크의 교육 의도가 조각에 반영되어 솔방울의 상징 부재를 상상하기 힘들다. 아이코노그래피 주제로 솔방울은 순례 길의 센터와 지방에도 영향 끼쳤다. 여러 이론을 종합하면, 솔방울은 영혼 불생을 뜻하고, 클뤼니 수도회가 기독교인의 최고 보상임을 알리려 사용한 것 같다.

에스타니

산토 도밍고 데 실로스

로제트(Rosette)

피에르 조셉 르두트의 장미 그림 판화, 1824

메소포타미아, 이란과 셈족의 로제트는 유대교와 기독교에도 나타났다. 로즈의 스타일화와 추상으로, 동쪽 시리아 바우데(392)와 크세디바(414)에서 기독교 모노그램과 함께, 린텔 장식으로는 5세기 시리아 무드예라와 베흐조 교회에서 찾을 수 있다.

서양에서 모티프는 릴리프 패널과 석관으로 프랑스 골 석관, 스페인-로마의 연단, 무덤 석관에서 발견되어 그 현존, 상징, 유형을 알린다. 골 석관 덮개에 기하와 식물 릴리프는 바스켓 테크닉으로,

사사니드 로제트

한쪽에 아칸서스 잎은 4잎 혹은 8잎의 조그만 꽃으로, 다른 편에 6잎 로제트가 새겨졌다. 덮개의 좁은 면은 12잎의 꽃이 있다. 5세기 쿠엥카 카베짜 데 그리에고 패널에서 공작이 월계관을 둘렀고 소용돌이 로제트와 4잎 꽃으로 장식되었다.

로제트는 기하 모티프로 가짜 식물이 되면서 "바퀴" 혹은 "별"로 불렀다. 기둥머리, 석관, 돌 석판에서 모노그램과 연결되어, 순수한 장식이 아닌 것 같으나, 기독교는 이교도 기호와 상징을 채택, 그 자체 종교에 융합시켜 새 표준을 만들었다.

중세 로제트는 잎 숫자에 따라 의미가 다르다. 3은 삼위일체로, 오거스틴에 의하면, 영혼과 정신을 대표한다. 4는 네 요소(땅, 공기, 물, 불)로 물질과 신체이다. 사변형 숫자로 그리스도의 인간 본성을 한 이론은 주장한다. 5는 성경의 최초 숫자로 피타고라스 가르침의 비전이며, 인간을 소우주로 요약한다. 6은 창조의 날들로 움직임의 마지막이고, 두 삼각으로 인간 영혼이다. 6과 그리스도 모노그램은 두 문자 *Chi*(X)와 *Ro*(P)의 그리스어 *Xristos*이다. 7은 피타고라스 숫자로 전지전능한 자이며, 낙원을 상기시킨다. 8은 세례를 통해 부활과 미래 생을 상징한다. 재생의 상징은 팔각 침례당에 나타났다. 9는 유대인에게 진리이다. 10은 완성 숫자로 신성의 경계선이다. 따라서 11은 죄로 법의 이반, 12는 대속과 보편적 교회를 상징한다.

로제트 잎 숫자가 기독교 아이코노그래피의 요소가 되면서, 중심원형과 4잎 꽃은 그리스도와 그의 가르침을 상징하게 되었다. "그리스도는 세계의 꽃이고 오너멘트며 그는 모든 꽃향기와 아름다움을 알기 때문이다[43]." 교회의 기본 기둥으로 4는 네 복음자(마태, 마가, 누가, 요한), 그리스도 생의 역사, 가르침이다. 기적이 네 책에서 반복되는데, 신약의 첫 경전이 되었다. 이 메시지는 로제트를 둘러싼 불생의 상징인 아칸서스 잎을 통해서 표현되었다.

에스타니(왼쪽), 베즈레 상 마들렌느의 The mystic mill(오른쪽)

---

43 Christ is the leaf and the ornament of the world, for he comprehends the beauty, the fragrance, and the splendor of all flowers.

생트 울리리 에 생트 줄리에(왼쪽), 엘르느(오른쪽)

둥근 중심에 8잎 로제트는 재생, 부활, 영생으로, 석관과 무덤 비석에 이들이 부착된 것으로써 설명된다. 서클에 박힌 12잎 로제트는 꽃에서 그리스도의 알레고리로서, 12 숫자는 구원이고 서클은 영원을 뜻한다. 더 스타일화된 로제트는 바퀴처럼 태양을 상징하며 십자와 태양의 연결인데, 실제 천국 바퀴는 초기 기독교의 기초였다. 그리스도 모노그램은 태양이며, 십자는 그리스도, 정의의 태양 그리고 어둠을 이긴 승리자를 상징한다.

중세 초기, 로마네스크 이전 예술에서 로제트의 출현은 최상위로 이것은 아마 여러 유형 때문일 것이다. 메로빙거 기둥머리, 린텔과 석관 장식에는 자주 아칸서스 잎에 삽입된 로제트가 있다. 두 주장이 있다. 소아상 상 드라우시우스 석관에 서클의 12잎 로제트는 순수 장식, 혹은 모노그램과 함께 그리스도를 뜻한다.

로제트는 오스고드 제단 칸막이 판과 카롤링거, 롬바르드 마우솔레움과 침례당 장식에도 보인다. 롬바르드 릴리프는 움브리아 페렌틸로 상 피에트로 델 발라스에서 재사용되고 우루스스 마기스터 제단에 설치되었다. 로제트는 4~6잎으로 서클에 둘러싸이며 모노그램을 가진다. 알벵가 상 미셸 북쪽 포탈 팀파눔에 나선과 6잎 로제트가 서클로 박혔다.

카롤링거에서 로제트 잎 숫자와 모양은 다양하다. 밀라노 상 암브로소의 제단 칸막이 판은 십자를 중심으로 조그만 사각으로 나뉘며 로제트, 릴리, 매듭, 잎, 바인이 삽입되었다. 이베리아반도에서 비지고딕, 아스투리아, 심지어 모즈아랍 예술에도 나타났다. 비지고딕 로제트는 로마-스페인의 유산으로 아름다움을 위해 다소 스타일화되었다. 기둥머리, 벽기둥, 제단 칸막이, 처마장식과 프리즈에서 발견된다.

로제트는 꽃잎 숫자(4, 6, 8, 12)에 사각-원형, 혹은 사실-기하로 분류한다. 상 페드로 데 라 나베의 릴리프는 본래의 아이코노그래피가 보존, 승리 아치 두 기둥머리는 천국 예루살렘의 알레고리로 솔방울로 싸였다. 좁은 면은 큰 12잎 로제트가 박힌 서클로 영생을 뜻한다. 프리즈에는 서클, 십자(그리스도), 소용돌이 로제트(태양, 그리스도), 바인(성찬), 방추 6잎(그리스도), 8잎(부활), 12 잎(영생에 대한 구원)으로 구성한다. 신자들을 초대하여 그리스도와 성찬을 통해 영생의 부활로 이끄는 알레고리이다. 아스투리아 상 미구엘 데 리요의 본당 기둥머리에 12잎은 영생의 구원이고, 인간과 책 모티프는 복음 전도사와 천사들로 말씀(복음)에 그리스도 영광(천사)을 의미한다.

로제트는 기하-식물로 장식이나, 모노그램, 십자, 독수리와 함께 복잡한 상징이 되었다. 동서양 전통에 차이가 있다. 동양은 초목과 꽃으로 종교적 내포를, 서양은 형상의 재현이다. 서양 기독교 예술은 교회를 자극, 4세기 엘비라 카운실에서 이미지 사용을 멈추고 우상숭배를 죄로 취급했다. 8세기 히에리아 카운실은 이미지 파괴를 명령했으며 성 파울은 십자만이 하나님 상징임을 선언했다. "그러나 내게는 우리 주 예수 그리스도의 십자가 외에 결코 자랑할 것이 없으니 그리스도로 말미암아 세상이 나를 대하여 십자가에 못

박히고 내가 또한 세상을 대하여 그러하니라(갈라디아 6:14)[44]."

암흑 시기, 성직자의 이미지에 대한 적대는 장식에도 영향 끼쳤다. 식물이 형상을 대신하며, 자연히 로제트는 추상과 기하의 여러 유형으로 종교 성명을 상기시킬 수 있었다. 4~6잎 로제트는 기독교 상징으로 그리스도 모노그램과 십자를 대치했다. 8잎은 재생과 부활, 12잎은 구원을 상징한다.

자연적인 로제트의 기둥머리는 게로나 상 후앙 데 라스 아바데사스, 프로미스타 상 마틴, 오트 프로방스의 가나고비 회랑에서 볼 수 있다. 로마네스크 예술가들은 종종 코린트 기둥머리를 아름다운 꽃으로 간주하여, 우에스카 하카, 산타 크루즈 데 라 세로스, 게로나 성당 회랑에서 보이며, 로제트의 아름다움에 중세의 인간 감정을 움직이는 컬러가 담긴 자연주의를 나타냈다.

팀파눔 릴리프로는 하카 성당 포탈의 그리스도 모노그램 안에 8잎 로제트와, 소리아 상 후앙 데 라바네라에는 4, 6, 8잎 로제트가 박힌 서클에서 확인된다. 어쨌든, 가스코뉴 모부게 생트 마리 포탈 메도포에 그리스도는 책을 펼치고 6잎 로제트가 있다. 봄을 대표하고 자연의 일깨움, 생과 재탄생을 의미한다. 아름다운 꽃 기둥머리는 완성과 영혼의 순수로, 로제트는 꽃잎 숫자에 상관 없이 "그리스도의 꽃과 세계의 오너멘트"의 교회교부들의 설명을 묘사했다.

---

44 May I never boast except in the cross of our Lord Jesus Christ, through which the world has been crucified to me, and I to the world (Galatians. 6.14). (New International Version)

종려와 팔메트(Palm, Palmette)

여러 종려 유형

그리스에서 팔메트는 세라믹에 자주 나타나, 모티프의 스타일 발전을 쉽게 관망할 수 있다. 기독교는 이교도 상징을 택하여 기독교화하였고, 종려, 종려 가지와 팔메트는 새 종교의 기본 성명이 되었다. 로마의 승리 부호로써 종려는 기독교에서 죽음 후 순교자의 승리로 바뀌었다. 그러나 한 이론은, 종려 가지는 그리스도 수난과 부활의 사전 설정이고 영혼 불생과 죽은 자의 부활로 해석한다. 실제, 종려는 메소포타미아에서 생의 미스터리로, 낙원과 생명나무 배합은 이란의 성스러운 생명나무 홈(Hom)과 연결되며 따라서 기독교는 이 나무를 낙원으로 보았다.

성경 창세기(2:9)[45]에 하나님이 에덴 동산 중심에 심은 두 신비의 나무가 있다. 선악의 지식나무와 생명나무로 아담과 이브가 불생을 가지며, 영혼 완성의 즐거움을 의미한다. 지식나무는 죽음을, 생명나무는 그것을 극복한다. 실제, 창세기에 생명나무는 종려와 관련이 없으나, 성경 텍스트는 옛 전통으로 돌아가 바빌론 낙원의 생명나무를 종려로 상상했다. 또한, 기원전 9세기 창세기의 편집에 하나님은 지식나무를 창조하고 에덴 공원의 생명나무에 관련된 원죄를 인간에게 더 이해하도록 설명했다. 성경은 종려와 생의 신비한 나무를 동등히 하는 참고가 없어, 이 연상은 동양 전통에 뿌리박힌 것 같다.

초기 기독교 예술은 종려나무와 팔메트를 로마 제국에서 가져왔고, 동양과 헬레니즘 팔레스타인에서 종려는 유대 교회당 장식으로 나타났는데, 이것은 3세기 카페나움 카파나울 텔 홈의 린텔 릴리프와 가자 지역에 가까운 베트 알파의 바닥 모자이크이다.

유대교의 상징 언어는 이교도 전통으로 초기 기독교에 인계되었다. 종려 가지는 기쁨과 승리로 성경 텍스트들이 증거하며, 그리스 신화는 로마 제국 동쪽에서 새 기독교에 영향 끼쳤다. 밀라노 칙령(313), 테살로니키 칙령(380)으로 기독교의 마지막 승리에 따라 기독교 예술은 이교도 종려와 팔메트를 믿음, 죽음 극복, 부활로 가능케 했다. 첫 시기들에 중요치 않고 거의 몇 화보에 장식으로써 새 종교

---

45 여호와 하나님이 그 땅에서 보기에 아름답고 먹기에 좋은 나무가 나게 하시니 동산 가운데에는 생명나무와 선악을 알게 하는 나무도 있더라.

The 'Lord' God made all kinds of trees grow out of the ground-trees that were pleasing to the eye and good for food. In the middle of the garden were the tree of life and the tree of the knowledge of good and evil (Genesis 2:9). (New International Version)

아시리아 님루드의 생명나무

의 내용을 알레고리로 표현한다.

아테네 비잔틴 박물관 기둥머리는 4세기 후~5세기 초로 아이비가 자라는 반 팔메트다. 이 세 요소는 상징이 명확하다. 구원은 십자, 대속은 아이비, 죽음 극복과 부활은 팔메트다. 콥트 돌 기념비, 교회 포탈, 기둥도 종려 가지와 팔메트로 장식했다. 포탈은 새로운 생의 전환으로써 하나님 왕국으로 가는 게이트웨이고, 무덤 돌 기념비는 지하세계의 것이다. 팔메트와 가리비가 자주 린텔에 있음은 가리비는 세례, 팔메트는 영혼 재생의 뜻이기 때문이다. 사카라 기둥 축에 서클에 박힌 십자가는 영원의 상징으로, 종려 가지는 윗부분에 나타난다.

서양에서 종려 가지와 팔메트는 종종 대추 종려로 대처되는데,

라벤나 석관에 그리스도가 성 피터에게 하나님의 율법을 보여주는 장면이다. 그리스도는 암석 위에 위치하고, 그 아래 네 낙원 강이 흐른다. 5세기 클라세 상 아폴리나레 석관은 양, 공작, 십자로, 과일이 담긴 종려는 부유를 암시 혹은 천국 낙원을 뜻한다. 이 종려는 로마 산타 콘스탄차 마우솔레움 천장 모자이크에서 새, 과일과 다른 대상물로 화이트 컬러 배경에 낙원을 재현하며, 벽감 모자이크에는 하나님이 모세에게 율법을 내림을 재현한다.

종려를 둘러싸고 세 주장이 있다. (i) 종려는 종교적 동화로써 생식, 영생, 생, 재생, 승리의 고대 상징과 연결되며 새 요소들로 더 풍부해졌다. 메소포타미아 신석기 문화의 근동, 그리스, 로마에서 기독교 시기까지 종려와 그 추상 팔메트는 여러 아이코노그래피에서 부유한 상징을 표현하는 데 공헌하였다. 초기 기독교 석관, 침례당과 마우솔레움 모자이크, 포탈 기둥머리, 기둥 축 건축장식에 나타나는 종려나무와 팔메트는 종교의 승리 시기를 동서양 모두에서 찾을 수 있다.

(ii) 동서양 예술 전통의 차이는 아이코노그래피에도 영향 끼쳤다. 동양에서 상징과 추상은 신성한 이미지의 물질성을 반대한다. 종교적 내포를 포함한 꽃 문장이 보편적이고, 서양은 형상 재현의 전통이 있다. 엘비라 카운실은 교회에 숭배 이미지를 금지하고 우상숭배는 죄로써 식물 모티프를 증가시켰다. 또 동서양 예술 차이는 4~6세기 동양에 무덤 돌 기념비와 포탈에서 팔메트의 우월성을, 서양은 종려와 종려 가지의 그림 재현을 가져왔다.

(iii) 재현의 다른 형태는 내용에 파생을 의미한다. 동양은 헬레니즘에서 영향 받아 팔메트는 영혼의 재생과 구제로, 서양에서 종려 가지는 죽음 후 순교의 승리이다. 자연적 종려나무는 착한 기독교 영혼의 영생과 부유함이 주어지는 천국 낙원을 제시한다.

라벤나 산 비탈레 바실리카, 하나님의 양 모자이크

그레코-헬레니즘의 뿌리와 로마 제국의 분기에서 일어난 비잔틴 기독교 예술은 종려와 팔메트를 택했다. 6세기 첫 황금 시기 라벤나는 서비잔틴의 수도로, 클라세 상 아폴리나레에서 하나님의 집에 신자들을 이끄는 그리스도 사전 설정의 메시지로 과일 달린 종려가 승리 아치에 나타난다. 8세기 우상 파괴에도 불구하고 종려는 살아남아 베네치아 상 마르코 파사드 릴리프에는 십자로, 그리스도의 양 무리와 함께 나타난다. 비잔틴 예술에서 종려와 팔메트는 불생 영혼의 축복인 천국 낙원의 아이디어이다.

로마네스크 이전 시기, 교회교부들은 종려에 큰 관심을 가졌다. 교황 그레고리는 "종려는 그리스도 십자이고, 거칠고 단단한 껍질 아래 구원의 달콤한 과일을 우리에게 준다[46]"고 말한다. 메로빙거, 오스트고드, 랑고바르드, 카롤링거, 비지고딕의 돌 릴리프, 기둥머리에 초기 주제가 다시 나타난다. 승리의 뜻으로, 칼릭스투스 침례 시보리움의 릴리프에 십자는 종려나 팔메트로 같은 주제가 카롤링거 밀라노 상 사티로 벽 페인팅에 보인다.

팔메트는 팔메트, 반 팔메트, 팔메트 나무, 촛대 팔메트, 날개 종려, 날개 팔메트 등 여러 유형으로 나뉜다. 메로빙거 모아삭 석관을 장식한 팔메트의 유래와 상징은 사사니드 팔메트로, 페르시아의 성스러운 생명나무 홈이다. 5세기 후 프랑스 골과 페르시아는 접촉하였고 피레네 지역에 페르시아 모티프가 시리아 상인들을 통해 소개되었다. 석관에 팔메트 부활은 동서양의 초기 기독교 예술의 미스터리 나무로서 천국 낙원을 제시한다.

---

46 The palm is the cross of Christ, which, beneath a rough, hard shell, gives us the sweet fruit of salvation.

비지고딕의 부르고스 퀸타니야 데 라스 비나스의 벽 프리즈에 종려 가지와 과일나무가 풍부히 장식되었다. 건축 조각은 비지고딕 아이코노그래피 프로그램에 필수로, 종려는 그리스도의 알레고리와 그의 말씀이다. 모즈아랍 건축과 책 페인팅에서도 종려가 발견되는데, 소리아 상 바우데리오 데 베랑가 천장을 지지하는 축이다.

동양에서 생의 미스터리 나무가 서양에서 기독교 종려가 되었다. 서양에서 팔메트 출현은 동양의 사사니드, 비잔틴, 이슬람 예술에서 수 세기에 걸쳐 발전한 형태와 특수 스타일의 영향을 받았다[47]. 종려 가지는 기독교 여명 후 승리의 상징으로, 종려나무와 팔메트는 천국 아이디어를 불러온다.

팔메트: 에스타니(왼쪽), 소리아 상 후앙 데 두에로(오른쪽)

---

47 이슬람 예술에 팔메트는 중요하다. 이미지 제한으로 모슬렘은 종려의 주상 화를 생의 나무로 재현함으로써 정설(orthodox)을 깨뜨리지 않았다. 신비 나무(시드라, 튜바)는 파라다이스에 적절했다. 전통은 독실한 모슬렘이 지상의 생을 즐기려 이 나무 그림자에 있는 희망이다. 점령한 나라 문화, 예술, 유산을 택한 모슬렘은 사사니드 팔메트를 이슬람 예술에 가장 인기 있는 것 중의 하나로 만들었다. 팔메트는 미스터리 나무의 추상 재현으로 동쪽에서 종려와 유사하며 우마이야와 아바스 예술에 중요하다. 스타일화와 추상이며, 솔방울, 바인 잎, 포도가 구성 축으로 작용한다.

모아삭 상 피에르(왼쪽), 상 피에르 올네이(오른쪽)

물로 신약 장면을 묘사하였는데, 나바라 투데라 회랑에 예루살렘 그리스도 입장과 바셀로나 상 베네트 데 바제스 회랑에 이집트 탈출에서 나타난다. 베즈레 상 마들레느 기둥머리에 상 베네딕트의 축복 종려나무가 있다.

　팔메트는 기둥머리에 최적으로 간주되었고, 동서양의 옛 주제는 클뤼니 수도회에 받아들여져 유럽에 전파되었다. 어떤 식물도 팔메

베즈레 상 마들레느의 종려나무

트처럼 로마네스크 예술에 다양하게 나타나지 않았다. 단독으로 상스 상 에티엔느, 레온 상 이시도로, 툴루즈 상 세르낭, 모아삭에 나타났다. 반 팔메트가 삽입된 긴 줄기는 프로미스터 상 마틴, 랑그도크 에스겔의 상 세실이며, 솔방울과 함께 레온 상 이시도로 토굴과 우에스카 하카에서 나타난다.

어쨌든 종려나무, 종려 가지와 팔메트는 기독교 아이코노그래피에 새 종교 수단으로 순교자 죽음, 십자의 사전 설정, 그리스도 부활, 영혼 불생, 구제를 상징한다. 경건한 기독교인이 보상받을 천상 낙원의 문장이다. 비록 11세기 이들을 인계한 로마네스크는 조각가의 독창성에 맡겨졌지만, 상징으로는 여전히 클뤼니 정신이 건축, 조각에 영향 끼친 순례 길의 교회들에 나타났다.

바인(Vine)

식물 사전에 나타난 바인

초목과 꽃에서 가장 중요한 바인이 고대 문명에서 기독교 세계로 계속된 세 가지 이유가 있다. (i) 구약에 포도원, 바인, 와인의 언급, (ii) 신 디오니소스는 그리스도의 일부 에피소드와 유사함, (iii) 신약과 교회교부들의 논평은 포도원과 바인의 알레고리로 가득하다. 즉 종교 융화를 가르치고 신약과 논평은 새 차원에서 바인과 와인의 알레고리를 확장하려는 의도였다.

요한복음(15:1)에 사도 요한은, "나는 바인이고 나의 아버지는 바인을 만드는 자이다[48]"라고 한 이 비유는 신자에게 빠른 이해와 깊은 의미의 해석을 허락하여, 바인은 기독교 여명 이후 그리스도 문장으로 가정되었다. 한 이론은, 바인에서 부활을 보며, 바인은 그리스도이다. 요한복음(6:54~56)의 "내 살을 먹고 내 피를 마시는 자는 영생을 가졌고…"는 생의 와인 수확에 남편 비유(마태복음 21:22~46, 누가복음 20:9~19, 마가복음 12:1~11)이다.

이것에 여러 주장이 있다. (i) 기독교에서 바인은 생의 수확가로, 바인과 와인은 행위의 균형으로써 인간이 창조자에게 설명해야 한다. 바인은 그리스도 탄생 전에 무덤의 모티프였고, 바인 줄기는 약속한 낙원이다. (ii) 포도 다발을 들고 있는 유대인과 이교도가 십자가 그리스도에 고백한다. (iii) 바인에 달린 포도 다발은 십자가에 매달린 그리스도이다. (iv) 바인이나 포도는 교회를 상징하며 피로 처형된 대속은 성찬의 와인이다.

그리스도가 그의 제자들에게 마지막 와인을 주어 와인은 독실한 기독교인 상징이 되었다. "택하고 먹어라. 이것은 나의 증거다[49](마태복음 26:26~29, 누가복음 22:17~20, 마가복음 14:22~35)." 그리스도는 인간 죄악의 용서를 위해 죄 없는 희생자로 묘사되어, 와인은 그리스도이고 그의 희생적 죽음을 의미한다.

초기 기독교에 바인은 복잡한 주제로, 그리스도 문장, 성찬, 부활과 미래의 생, 낙원의 약속한 땅의 이미지로 하나님 교회와 인간 영

---

48 I am 'the true vine', and my Father is the gardener (John 15. 1). (New International Version)

49 Take, eat, this is my body. For this is my blood of the covenant, which is shed for many for the forgiveness of the ends. But I say unto you, From now on I shall drink no more of the fruit of the vine until that day when I will drink it again with you in the kingdom of my father (Matthew 26:26-29; Luke 22:17-20; Mark 14:22-25).

로마의 산타 콘스탄차 천장 모자이크

혼의 상징이며, 무덤 모티프이기도 하다. 이교도와 기독교는 포도 수확 장면에 이중 의미를 허락하여, 디오니소스와 박카스 제식, 그리고 성찬으로 바꾸어 세례와 연결되었다. 동서양에서 바인은 석관, 침례당 모자이크, 마우솔레움, 조각에서 나타난다.

예로, 석관에 장식된 바인에서 익은 포도는 성찬식을 의미한다. 때때로 큐피드, 새의 쪼음과 함께 십자 안에 모노그램으로 수확 장면을 나타낸다. 5세기 라벤나 침례당 모자이크에서 포도가 달린 바인과 공작들이 보이는데 성찬식이다. 로마 산타 코스탄차 마우솔레움 천장 모자이크도 바인의 열매를 쪼아 먹는 새들로 포도 수확을 의미한다.

바인에 관한 연구는 이미 시리아, 이집트, 그리스 지방 건축에서 찾을 수 있다. 안티옥은 기원전 300년 설립한 부유 도시로, 상품과 아이디어 교환에 종교적 관용을 택해 소아시아 기독교 전파에 중요한 역할을 하였다. 4~5세기 이집트 콥트 예술은 파라오 종교를 응용하여, 오시리스-이시스-호루스를 삼위일체와 연관시켰다. 이 동화 과정에 그리스도는 오시리스의 동일한 문장이 되었고, 오시리스 속성인 바인은 그리스도 피의 상징이 되었다. 한 수도원 돔 프레스코는 성경 장면으로 바인과 포도를 쪼아 먹는 새들이 있다. 콥트 교회 포탈도 십자와 함께 포도를 가진 바인은 그리스도이다. 초창기 파라오 무덤 예술처럼 상징과 추상으로 콥트 예술은 콘스탄티노플로 전파되었다.

비잔틴은 이 전파된 바인에 상징을 부여하여, 6세기 프로네소 대리석 석관은 상 아폴리나레의 테오도루스 대주교의 것으로, 포도로 가득 찬 바인과 그 앞에 그리스도의 아나그램(anagram)을 둘러싼 두 공작이 있다. 비잔틴 예술은 유스티니아누스 아래 서양을 지배하였는데, 7세기 후반 시칠리아의 카메리나 산타 크로체가 그 예이

12세기 소아송 드라우시우스 대리석 석관(루브르박물관)

롱고바르도 신전 포탈

퀸티아나 데 라스 비니스 외부 벽

다. 동쪽 지역에서 바인은 모슬렘 점령 후 이슬람 레퍼토리로 택해졌다.

로마네스크 이전 시기, 서양에는 로마 예술의 릴리프와 재생산이 이루어지지 않고, 바스 릴리프와 식물 스타일 장식으로 대처되었다. 이것은 다른 영향들의 공생으로, 로마네스크 예술은 로마와 동양의 두 곳에서 영감 받았다.

프랑스 골 지역에서 바인의 모습은 툴루즈 노트르담 드 라 다드 기둥에서 볼 수 있다. 특히 7~8세기 메로빙거 석관들에 그리스도 아나그램과 바인이 자주 장식되었는데, 모아삭과 소아상 성 드라우시우스의 것도 좋은 예이다. 동양을 모델로 구성하며, 그것의 배열과 기술은 시리아 교회의 포탈 린텔에서 가져왔다. 더하여 동양의 상아와 금속 공예에 바인의 정교함이 골 지역에 영향을 끼쳐, 메로빙거 석관은 이교도의 재생 의미와 죽음 후 그리스도 영광의 기독교 의미와 연관된다.

롬바르드에서 바인은 석판, 시보리움, 무덤에서 만날 수 있어, 푸리우리 치비달레 침례당 제단 스크린과 캐노피, 세례반이다. 테오도루스 무덤에 성찬 주제는 환상적인 공작과 날개 가진 사자로 생명나무의 바인 잎과 포도 텐드릴로 부자연스럽다. 치비달레 조각은 9세기 이슬람의 압력 아래 새 출구를 찾으려는 비잔틴 예술가에 의해 만들어졌다. 바인의 출현은 카롤링거에서 제단 스크린, 암보, 석관과 시보리움으로, 치엘 도로 상 비토레 제단은 전 표면을 밴드로 둘러싸인 십자로 로즈, 릴리, 끈, 바인 잎과 포도가 삽입되었다.

비지고딕에서, 5세기 오비에도 판테온 데 로스 레예스에 이타시우스 석관은 모노그램, 생명의 물을 마시려 항아리에 가까이하는 비둘기와 바인으로 모티프의 상징성을 뚜렷이 한다. 7~8세기 퀸티아나 데 라스 비냐스에 성역을 이끄는 큰 말굽 아치에 잎과 포도는 성찬을 의미한다. 즉 태양, 달과 함께 성찬을 통한 영생을 제시한다. 특히, 교회 외부 벽에 세 프리즈는 포도, 신비한 동물, 6잎 꽃, 공작, 생명나무가 서클에 박혔으며, 교회에 관련된 아나그램들이다. 아스투리아 예술에 동쪽으로부터의 영향은 카롤링거 덕택으로 이것은 바인이 증명한다. 요약하면, 로마네스크 이전 예술에 바인은 장식 외 그리스도와 성찬을 의미하는 것을 참고할 수 있다.

시칠리아 몬레알레(위), 모작(아래)

로마네스크 시대 바인이 전 지역에 나타나지만, 예상외로 적은 숫자인 것은 아마도 추상화 때문으로 추정된다. 로마네스크 예술은 상징이며 동시에 교육이라 모티프의 자연적 처리가 필요했다. 그럼에도 바인은 포괄적인 상징으로 여러 재현의 주제가 되어, 후아카로아르, 나바라 상 살바도르, 투스카니 그로피나 상 피에트로 기둥머리에서 잎과 포도에 얽힌 바인 줄기를 볼 수 있다. 팔렌시아 세르바토스 팁파눔에는 야생 바인이 나타난다. 특히, 로마네스크 조각에서 바인의 상징은 클뤼니의 낙원 강과 네 그루의 나무와 깊히 연관된다. 네 강은 게온(Geon), 피손(Phison), 유프라테스(Euphrates), 티그리스(Tigris)로 성령과 미덕의 선물을 뜻한다. 바인은 생명나무로 그리스도, 사과나무는 선악의 지식나무, 무화과는 교회, 올리브는 평화를 대표한다. 흥미 있게도 나바라 아르테이즈 기둥머리는 잎과 과일이 없는 마른 바인 가지에 여러 인간으로 신자들에게 무언의 메시지를 알린다.

로마네스크에 바인의 현존은 큰 수도원 센터와 지방 건물로, 조그만 숫자이지만, 상징은 여전하다.

바인 스크롤의 유라시아와 이슬람 세계

유라시아를 연결하는 바인 스크롤은 오너멘트 역사에서 가장 강력한 스토리 중의 하나이다. 기원전 6세기 그리스 예술가는 이집트나 근동에서 바인의 스타일화 형태를 채택, 첫 고전적인 바인 스크롤로 전환했다. 모티프와 패턴의 속성으로 정교화되면서 자연과 닮음의 상세함이 주어졌다. 바인 스크롤은 헬레니즘을 통해 알렉산더의 동지중해, 이집트, 시리아, 팔레스타인, 소아시아, 아프가니스탄과 북인도까지 퍼졌다.

서양에서 로마인은 열정으로 그리스 예술을 포용했으며 기원전 1세기와 서기 1세기 유럽 서쪽 영국과 헬레니즘 동쪽 시리아까지 정복하였다. 따라서, 그레코-로마 오너멘트는 바인 스크롤을 주류로 유라시아와 지중해의 공유 유산이 되었다.

흥미 있게도 기독교의 여명에서 확인되는 바인 스크롤이 2세기 인도에 도착했고, 차츰 동아시아와 동남아시아로 퍼져나갔다. 역사 예술 교류의 여러 이론 중에 한 이론은, 알렉산더 정복 이후 남-중앙아시아에 계속된 그리스인들의 현존이다. 다른 이론은 인도와 로마 지중해의 성황하는 무역에 의한다. 어쨌든, 바인 스크롤의 다양한 유형이 그들 자체의 전통과 필요로 여러 지역에 몇 세기 안에 채택되며 개정된 것 같다.

실제로 그레코-로마 회화적 예술은 인도 불교예술 스타일과 아이코노그래피에 공헌하였지만, 바인 스크롤도 마찬가지인지는 불확실하다. 간드하라 조각은 초기 불교 스타일에 서양 영향을 받았으나 오너멘트에는 다소 빈약하다. 그러나 초기 인도 바인 장식의 큰 프로포션이 불교 모뉴멘트들에서 발견되는데, 특히 굽타 시기(3세기 후기~6세기)이다.

굽타 예술가들은 바인 스크롤의 우아함을 새 단계로 올렸고 부다의 이미지에 새로운 현저함을 부여했다. 이 작품들은 인도에서 바인 스크롤의 동화를 의미하며 패턴 유형의 전파와 진화의 한 단계 성장을 이루었다. 한편, 중국은 후기 한 왕조(25~220)에서 인도 불교예술의 관습과 함께 불교를 채택했다. 지중해 바인 스크롤은 5세기 중국에 불교 환경으로 처음 나타나며 불교 통로를 따라 일본으로 이동되었다.

기록할 점은 인도에서 바인 스크롤 전통은 초기부터 매우 복잡하여 그리스 혹은 로마의 단순한 진화 과정을 인정하기가 힘들다. 초기 중국 바인 스크롤도 이들과 닮았으나 인도나 지중해의 예가 아니다. 국제적 단계에서 성공한 패턴은 다양한 문화에 융화되었으나, 기본적인 속성은 잃지 않았다. 인도의 바인 스크롤은 진화를 거쳐 밀집한 조직과 환상적인 상세함으로 식물 모습 대신에 불꽃이 되었으며, 북쪽 네팔과 티베트, 남쪽 인도네시아까지 아시아 예술에 전면적으로 퍼졌다.

바인 스크롤은 지중해에서 전통과 창조의 두 수단으로 남았다. 헬레니즘과 로마 시대에 인물이 담긴(inhabited) 스크롤이 발전하면서, 텐드릴에 다양한 형상이 포함되며, 단순하거나 혹은 인물이 담긴 스크롤은 그때부터 복잡해졌다. 6세기 비잔티움의 상 소피아 교회 장식은 오랫동안 존재했으며, 바인 오너멘트의 비잔틴 전통은 기하급수적으로 전파되었다.

그리고 서양에서 바인 스크롤은 유럽 오너멘트의 긴 역사를 계속하였다. 한 특징적인 스타일이 다른 것을 계속함은 예술 역사에서 흔하게 접하는 것으로, 바인 스크롤은 오랫동안 지속한 모티프와 패턴으로 이 교체 모델을 제시한다. 모티프는 각각의 시대에 따라 달리 해석되나, 그 주제는 고전 고대에서 초기 중세까지 서양 예술의 중요 단계를 통과한다.

무엇보다, 바인 스크롤이 가장 큰 영향을 준 것은 이슬람 예술 세계이다. 이슬람은 예술 재현에 생물을 적대하였는데, 이것은 경전 코란이 아니고 모슬렘이 신성하게 간주하는 하디스(선지자 무하마드의 말씀)의 영향이다. 회화적 예술의 비난은 단지 우상숭배의 유혹이 아니고, 하나님 창조력의 강탈과 조롱으로 보는 것이다. 생물 이미지는 위반으로, 큰 규모의 회화 페인팅은 보편적이 아니며 조각은 거의 없다. 이슬람 세계에서 오너멘트가 주요 예술로 인정되려면 특수한 장식 기술의 이해를 요구한다.

역사적으로 오너멘트는 이슬람 건축, 캘리그라피와 시각 문화에 중요 단계를 공유한다. 바인 스크롤은 비잔틴 모델에 비잔틴 예술가들에게 수행되며 즉시 이슬람 "아라베스크"로 발전, 지역과 일시 변형을 허락하면서 미묘한 줄기와 단순한 잎의 복잡함으로 식물 형태 바인이 거의 사라졌다.

아라베스크는 15세기 말경 무역을 통해 기독교 유럽에 전해졌다. 이국적이지만, 서양인들의 눈에 익숙한 이 특징은 쉽게 받아들여져 거의 500년 서양 레퍼토리를 풍부케 했다. 오너멘트 역사에 전파와 채택을 통해 부흥시킨 더 포괄적인 모티프는 없다. 어떤 패턴도 바인 스크롤의 다목적, 장수, 지리 범위를 필적할 수 없다. 양자 문화의 물리적, 일시 제한을 넘어 멀리 퍼진 오너멘트다.

간드하라 프리즈, 약 2~3세기. 인테레이스 바인과 포도의 꽃 스크롤 프리즈

그레코-로마 바인 스크롤, 사우스아라비아

로마 상 클레멘테 후진 모자이크에 나타난 바인 스크롤, c. 1200

아라베스크, 팔메트, 반 팔메트의 텐드릴, 돌 릴리프, 다마스쿠스, 우마이야 왕조

유럽 고대와 기독교에서 바인

바인과 포도는 죽음 후의 생의 기호로서 이교도와 기독교 무덤을 장식했다. 이교도 장식의 풍부한 전통은 그들 종교 예식에 이교도의 와인 때문에 존재해왔고 디오니소스와 박카스는 그리스와 로마의 와인 신으로 부활하였다. 기독교에서 바인은 그리스도의 피와 바인의 성찬과 연결된다. 요한복음 15장 1절에 "나는 진정한 바인이다." 그리스도는 바인이며 신자들은 그의 가지들로 따라서 그것은 교회 상징이다. 그리스도 선포는 교회의 장식적인 아름다움보다 더 높은 모자이크를 격려해왔다. 테오도시우스와 발렌티니아누스의 포장에 십자 재현 금지에도 바인 스크롤은 이교도 새, 동물과 함께 기독교 중대성을 제시한다.

> 만일 바인이(그리스도 말씀에서처럼) 우화의 힘을 가지고 있지 않다면 그것은 기독교인의 복음의 메시지와 한 독점적인 연결을 암시한다. 그것의 방사와 증식하는, 심지어 지중해 세계의 확장인가이다. 바인 오너멘트 사용이 로마 제국 범위 바깥의 사람들의 레퍼토리에서 유래하는 심지어 먼 북쪽 기독교 메시지에 이 모티프의 일치는 매우 두드러진다(반. 1989)[50].

---

50 If the vine does not (as in the words of Christ) have the force of a parable, it implies a sympathetic connection with the message of the Christian gospel with its radiating, proliferating, ever extending appropriation of the Mediterranean world. Even in the far north, where the use of vine ornament derives from the repertoire of peoples outside the Roman sphere, this congeniality of the motif to the Christian message is very marked(Bann, 1989).

바인은 6세기 후 신성한 문장으로 존재하지 않았다. 고대에서 계속된 인기는 중세기를 걸쳐 르네상스까지 계속되었고, 이것은 그리스도와 부분적 성찬 때문이다. 다양성의 결합에도 바인 스크롤은 이슬람 세계에서 지속되었다.

밀(Wheat)

들판의 밀

밀이 비잔틴 예술에서 중요한 이유는 그것이 그레코-로마, 헬레니즘 세계에 퍼지기 시작할 때, 다른 종교 기호로서 나타난 신화와 교리 때문이다. 이집트 신 오시리스와 그리스 여신 데메테르(Demeter)를 상징하는 이삭은 신체와 영혼이 죽음 후의 생존 약속으로써 기독교 구원 교리에 적합했다. 그러므로 기독교 처형 시기, 이교도 상징은 기독교 감각으로 해석되고, 초기 기독교 예술 페인팅과 조각으로 스며들었다. 로마의 상 젠나로 토굴 카타콤 벽에 밀 이삭이 재현되었다.

  성경은 밀과 빵의 비유로 가득하다. 구약에서 밀은 지상에서 부유와 생식이며, 만일 인간에게 부족하면 하나님 성화의 신호를 암시한다. 즉 하나님 선물로서 종교 아이디어를 반영, 인간에게 주거나 거절한다. 신약에서 밀은 기독교인의 뜻으로, 잡초의 비유(마태복음 13:24~30), 메시아 출현(마태복음 3:12, 누가복음 3:7)은 침례자 요한의 아포칼립스(계시록 6:5)에서 밀은 독실한 기독교인의 은유로 나타났다. 어휘 "빵"은 불생, 영생, 신과 영적 교섭 묘사에 사용되었다.

네 복음서에 빵이 소개되었다. 빵은 밀가루로 만드나, 신의 선물로서 고대 의미와 더하여, 희망의 메시지를 뜻한다. 영혼의 음식인 생명의 빵으로, 오직 그리스도의 영적 교섭으로 얻을 수 있다. 성경에 그리스도와 성찬을 상징으로 빵을 만든다. 신석기 후 밀은 자연의 재생과 재탄생으로, 기독교의 새 의미는 그리스도 몸체이며 성찬이다.

첫 콥트 기독교인들은 우상숭배의 올림포스 제식처럼 밀과 오시리스를 동일시켰다. 신화에서 밀은 재탄생 식물로 살아 있는 신 오시리스는 땅과 들을 연결하는 이삭이다. 새해 신전에 축하 되는 코이악(khoiak) 미스터리로 신의 죽음과 부활 기념을, 그리스도 수난 축하로 이전한 것이다. 밀은 그리스도의 문장으로 콥트 예술 돌 기념비와 교회 포탈에 장식된다. 비잔틴 첫 세기 밀 이삭이 동서양에 포

밀과 뱀이 있는 수확의 여신 데메테르. 테라코타 릴리프. BC 3세기. 마그나 그라시아

카롤링거 석관 부분

도와 다른 과일과 함께 화관으로 나타나고 하나님 양이 그리스도
를 둘러싸는데, 로마 라테란, 성 요한네스 침례당 천장에서 볼 수
있다. 초기 기독교 예술에서 밀의 넓은 사용에도 바인처럼 창조적
인 가능성을 주지는 못했다.

밀은 로마네스크 이전의 메로빙거 예술에 나타났다. 소아송 상
드라우시우스 석관과 상 대니 대리석 석판이다. 전자에서 두 이삭
다발이 보이며, 서클은 12잎 로제트에 싸여 영생의 구원을 상징한
다. 밀을 통해 신자는 그리스도와 영적 교섭으로 구원에 참여하는
데, 빵과 와인의 성찬이다.

비지고딕도 이 주제를 택했는데, 6세기 말 레코폴리스의 칸막이
판이다. 서클과 그리스 십자로 둘러싸이며, 옆 기둥들은 서클과 부
리에 빵을 문 새들이 나타난다. 새(기독교)와 빵(그리스도 몸체)은 성찬을
통해 영혼을 재탄생시킨다.

로마네스크 조각의 이상적 세팅에도 불구하고 밀은 매우 적게
나타났고, 만일 나타났다면 지방 교회였다. 기독교에서 중요한 그

오툰 상 라자레 팀파눔의 6~12월의 작업과 십이궁도 기호, 밀 타작

리스도와 성찬에 모티프의 결핍은 의문을 일으킨다. 아마 이삭은 로마네스크 조각에 영향 끼친 클뤼니 수도회의 교육 의도에서 적은 것 같다. 오히려, 클뤼니의 이미지 프로그램은 더 많은 신자의 죄의식과 신성 처벌 두려움으로 그들을 회개시키는 의도였다.

05

아칸서스

아칸서스:
상징인가, 장식인가?

옥스퍼드 사전에 의하면 아칸서스는 (i) 가시 있는 잎을 가진 아칸서스(akanthus) 종의 초본식물이나 관목, (ii) 코린트 양식 기둥머리를 장식하는 양식화된 재현이다. 어휘는 그리스어 "akantha (가시)"에서 "ake(날카로운 촉)"로 이름이 유래한 것 같다. 쿠퍼(1978)에 의하면, 아칸서스는 생명, 불생, 초승달 모양으로 지중해 국가들에서 예술로 존경받았다. 기독교에서 그 가시는 고통, 죄, 처벌을 상징한다.

　고대 장식 식물은 그 마법적 힘으로 신이나 믿음과 연관되어, 아칸서스가 처음 그리스 모뉴멘트 예술, 특히 매장 항아리에 나타났

아칸서스 식물

을 때 식물과 무덤 비석 간에 연관성이 있는 것 같다. 그리스 신화 구절은 이 식물이 무덤에 중요함을 제시하며, 가시덤불과 초목은 지하세계의 나쁜 전조로 죽은 영혼이 지상에 나타나지 않게 방지 수단으로 사용, 따라서 아칸서스 가시도 무덤 예술에서 마술성을 소유함을 짐작게 한다.

이 점에, 아담(1990)은 역설하기를, 아칸서스는 장식으로 소개되지 않았다. 고대 그리스 장례식이나 돌 기념비에 모티프의 활력은 사악으로부터 보호한다. 코린트 기둥머리의 첫 사용은 여성 기둥과 함께 실내에 적합, 수동적 여성의 가정 역할이 실외의 능동적 남성 일과 대조되기 때문이다. 예로 젊은 여성 모습 기둥이 아테네 제우스 올림피우스 신전에 비너스 동상과 나란히 한다. 바세 아폴로 신전의 아칸서스 기둥머리는 숭배 제식 이미지의 특수 역할이다. 유골 매장을 장식, "lekythoi"라 부르며 죽음과 비통으로 설명된다.

이 이론에 반대하며 하우그리드(1950)는, 유럽에서 한때 죽음 상징 아칸서스가 나중에 장식의 바탕이 되었다. 로우손(1984)도 같은 의견 이다. 실제 아칸서스의 오랜 인기는 장식에서 발견, 최초의 아칸서 스가 시각 효과로 팔메트 혹은 로투스에 더해진 이유이다. 그리고 헬레니즘 아칸서스는 장례 돌 기념비와 기둥머리 장식으로 풍부한 상상력을 일으켰다.

기원전 3세기 초, 델피의 "춤추는 세 소녀" 기둥이 이를 증명하고, 팔미라 벨 성역에 아칸서스는 원뿔 줄기에서 정교한 나선으로 나타난다. 로마, 심지어 인도와 중국에서 불교예술 일부가 되었으며 이슬람 세계에서 종교적 내포 없이 아라베스크로 발전하였다. 로마네스크의 최고 장식으로, 클뤼니 코린트 기둥머리는 영혼을 연마하는 체육관으로서 수도원의 알레고리 의미를 가진다. 12세기 초기 고딕에 아칸서스는 모든 장식 분야에 보조 모티프로 우세했고 특히 조각과 마뉴스크립 일루미네이션에서 엿볼 수 있다.

최초 예들로 시작, 로마네스크 기둥머리에서 발견된 개념의 소
성과 조각 깊이는 코린트 기둥머리 구조에 잎 모티프를 위해 비
종교적 장식 모티프 대신으로 초래하는 특질로 처음 보인다. 실
제 코린트 기둥머리의 현저한 특징은 그 구조의 조각 특질이다
(헌, 1981)[51].

---

51 The plasticity of conception and the depth of carving found in Romanesque capitals, begin-
ning with the earliest examples, seem at first to be qualities which resulted from the substitu-
tion of non-religious decorative motifs for the foliate motifs on the Corinthian capital struc-
ture. Indeed, the most salient characteristic of the Corinthian capital is the sculptural quality
of its structure(Hearn, 1981).

코린트 양식과
아칸서스의 두 유형

이 챕터에서, 두 유형 아칸서스, 그 근원과 기둥머리에 사용됨이 고대부터 초기 고딕까지 언급된다. 시기의 한정은 (i) 초기 고딕 후부터 전통 아칸서스 디자인이 사라지며 새 방식이 나타남, (ii) 장식에 다른 초목과 꽃 소개이다.

코린트 기둥머리

기후와 인종 차이를 넘어, 기둥머리 형태와 장식은 건축 역사에 유사성을 제시한다. 기둥과 앤터블래처 간의 균형을 유지하며, 기둥머리는 (i) 힘의 기능적 취급, (ii) 프로필, 질량의 아름다움, (iii) 장식과 프로포션의 역할이다. 비례 제도의 양식은 "모듈(module)"로 불리며, 기둥 축 최하 부분 직경의 배수나 분할로 측정된다. 코린트 기둥머리는 24홈을 가지고 높이는 10직경, 아칸서스 잎과 나선 볼루트로 장식되었다.

아테네 리시크라테스, 원래 코린트 기둥머리. BC 335

앤터블래처는 풍부하며 처마장식은 다른 양식들보다 더 깊고 정교하다. 코린트 양식은 아이오닉에 속하나 기둥머리를 제외하고 특별하지 않다. 네 면의 크고 치밀한 요소는 아칸서스 잎의 이중 열을 가진 벨로 구성, 바깥 볼루트는 앞으로 구부러졌고, 안쪽과 아래쪽 볼루트는 팔메트나 꽃 아래에서 만난다. 아바쿠스는 아이오닉 기둥머리보다 깊고, 프로파일에 복잡하다. 오목한 사변형이 때때로 구석에 잘렸다. 첫 코린트 기둥은 이미 언급한 대로, 제식 동상으로 실내 아이오닉 기둥 열에 배치, 갑작스러운 죽음 신 아폴로의 속성으로 숭배가 되었다.

아칸서스 스피노수스(Spinosus)와 아칸서스 몰리스(Mollis)

식물 아칸서스는 그 경탄이 당신의 영혼을 기쁘게 하는, 보기에 훌륭한, 코일을 엮는다(테오크리투스, 하우그리드에 의해 인용, 1950)[52].

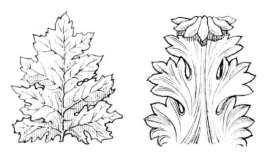

아칸서스 스피노수스(왼쪽)과 몰리스(오른쪽)

---

52 The plant acanthus weaves its coils, a brilliant sight to see, whose marvel will delight your soul(Theocritus, cited by Hauglid, 1950).

아칸서스는 지중해 식물로 가장자리가 톱니 모양의 큰 잎이다. 아칸서스 스피노수스와 아칸서스 몰리스 두 종이 있다. 전자는 그리스가 원산지로 좁고 뾰족하고, 후자는 로마의 것으로 넓고 부드럽다. 아칸서스는 기둥머리에 볼루트를 지탱하며, 나선 스크롤이 일어나는 꽃에서 꽃받침을 형성한다. 다양하게 형태화, 수정되었다. 잎과 홈이 파인 줄기는 나선 잎의 연속 장식으로, 줄기는 자연 식물과 닮지 않은 형태를 만들었다. 불행히도, 중세 조각가들은 지식 없이 아칸서스를 사용했다.

햄린(1916)의 견해는 다음과 같다. 아칸서스 모티프 기능은 (i) 코린트와 콤포지트 기둥머리 혹은 몰딩에 서 있는 잎, (ii) 몰딩 오너멘트, (iii) 린소로 시작하는 잎 둥지나 다발, (iv) 카우리콜리 혹은 감싸기, (v) 촛대 줄기와 꽃병의 불룩한 부분 주위의 오너멘트, (vi) 안티미온을 대치한 양식화 식물, (vii) 로제트 잎의 형성이다.

기원

역사적 견해

하우그리드(1950)의 아칸서스에 관한 이론들을 정리한 것에 의하면, 첫 주장자는 호몰로, 그는 비트루비우스 이론을 인정하고 아칸서스 기원을 그리스 모뉴멘트 예술 돌 기념비에서 찾아야 한다고 주장한다. 고대 아테네에는 죽은 자의 봉헌으로 신선한 잎을 가지고 무덤을 장식하는 전통이 있었고, 아칸서스는 가장 알맞은 식물이다. 그러나 호몰의 주장은 의문점을 남기는데, 돌 기념비의 최초 아칸서스는 자연적 봉헌으로 사용하기에 너무 단순했고, 칼리마쿠스의 코린트 기둥머리 스토리는 그의 사망 후 몇 세대를 통해 인기였다.

바이간드의 주장은, 아칸서스가 칼라토스 기둥머리와 이중 볼루트 기둥머리의 기초이다. 둘 다 이집트에서 사용, 시리아와 페니키아를 거쳐 그리스에 도착했다. 문제는 에오릭(aeolic) 기둥머리를 언급지 않았고 새 요소들의 발견이다. 기둥머리는 일차 요소가 아니고, 코린트 기둥머리는 자유로운 팔메트 아크로테리아 과정에 돌 기념비에서 기둥으로 단순히 옮김이다.

처음으로 리글(1992)이 함축성을 가지고 아칸서스 기원을 설명했다. 아칸서스는 자연 식물의 모방이 아니고 팔메트에서 유래한다. 그는 예술에 자연주의적 해석을 주장하는 초기의 셈퍼 학파에 대항하며, 팔메트의 한 열과 에레크테이온의 초기 아칸서스 프리즈를 비교하였다. 이 주장도 역시 의문을 던진다. 에레크테이온 동쪽 입구 홀에 벽기둥머리의 잎 성배에서 자연의 영향이 명백함으로 인해 리글의 이론을 수용하기 힘들다.

모이어는 논문 "Das greichische Akanthus Ornament und seine natürlicher Vorbilder"(1896)에서 리글을 거절하며 자연적 모델의 기초에 접근, 오너멘트 형태와 아칸서스 잎 사이의 명확한 관계를 추적하였다. 아칸서스 기원에 리글의 아이디어는 형태에 유기체의 개발 결과이지만, 팔메트가 아칸서스의 출처가 될 수 없고, 팔메트가 아칸서스가 된 경우도 없다. 고대 그리스 팔메트는 자체의 위치를 가지며, 그리스 예술에서 전통을 지켰고 로마로 이어졌다.

문제는, 리글은 볼루트와 팔메트의 추상화가 일어나기 전, 볼루트 커브에서 분리된 조그만 잎사귀에 아칸서스의 최초 형태로 시작하지 않았다. 루브르박물관에 보존된 멤몬 사발에는 조그만 잎사귀가 점차 아칸서스 잎의 자연적 프로토타입으로 닮기 시작했다. 자연 형태가 나중에 소개되는 경향은 장식 역사에서 보편적이다. 베를린 박물관의 베네티언(c. BC 460) 돌 기념비의 첫 부드러운 아칸서스 잎에서 수백 년 후 완전히 발전한 돌 기념비 아크로테리아까지 칼라토스 모티프를 볼 수 있다. 로우손(1984)은, 리글의 접근은 이집트, 메소포타미아, 시리아, 그리스에서 발견되는 로투스, 팔메트, 아칸서스 경계의 형식 발전에만 중점을 두었다.

비트루비우스(BC 80~70)

비트루비우스는 『Ten Books on Architecture』 4장에 코린트 기둥머리 기원을 언급하였다. 조각가-금세공 칼리마쿠스는 코린트 무덤을 지나치면서 아칸서스 잎으로 가득 찬 바스켓을 보았다.

인제 코린트라 불리는 셋째 유형은 어린 소녀의 날씬함을 모방한다. 그 나이의 유연함으로 어린 소녀들은 가느다란 수족으로 보일 수 있고 그들이 꾸밀 때 매력적이고 효과조차 얻을 수 있다.

알려지기를 이 유형 기둥머리 발명은 다음 방법으로 일어났다. 코린트 지방에 시민 계급의 한 어린 소녀가 거의 결혼 나이가 되어 질병으로 사망했다. 그녀의 무덤에 간호사는 그녀가 생전 즐겼던 몇 개의 조그만 것을 수집, 한 바스켓에 모았다. 무덤 위에 바스켓을 두었는데, 더 오래 보존되기 때문이다. 지방 타일로 바스켓을 덮었고 아마 아칸서스 잎 뿌리 위에 우연히 놓였다. 봄이 되어 바스켓 무게에 오래 눌렀던 아칸서스 뿌리가 잎과 텐드릴을 뻗기 시작, 텐드릴은 바스켓 측면을 따라 자라면서 바같으로 향하였다. 그것들이 지붕 타일 구석에 방해받았을 때 그들은 끝쪽으로 감기 시작했고 마침내 가장자리에서 코일을 이루려 유도되었다.

칼리마쿠스는 아테네인들에게 그의 대리석 작업의 우아함과 정교함으로 "katatexitechnos"로 불렸다. 우연히 이 무덤을 지나치며 바스켓과 그것을 둘러싼 신선한 섬세함에 주목하였다. 자연과 진기한 형태에 기뻐 그는 이 모델을 코린트 기둥에 맞추기 시작했다. 대칭으로 세워 코린트 양식 작업의 완성 원칙을 작성하였다(로우란드의 번역, 1999)[53].

---

53 Now the third type, which is called Corinthian, imitates the slenderness of a young girl, because young girls, on account of the tenderness of their age, can be seen to have even more slender limbs and obtain even more charming effects when they adorn themselves. It is said that the invention of this type of capital occurred in the following manner.

A young Corinthian girl of citizen rank, already of marriageable age, was stuck down by disease and passed away. After her burial, her nurse collected the few little things in which the girl had delighted during her life, and gathering them all in a basket, placed this basket on top of the grave so that the offering might last there a little longer, she covered the basket with a roof tile. This basket, supposedly, happened to have been put down on top on an

롤랑 프레아 삼브레(1606~1674)가 그린 "코린트 기둥을 창조하는 칼리마쿠스"

acanthus root. By springtime therefore, the acanthus root, which had been pressed down in the middle all the while by the weight of the basket, began to send out leaves and tendrils, and its tendrils, as they grew up along the side of the basket, turned outward; when they met the obstacle of the corners of the roof tile, first they began to curl over at the ends and finally they were induced to create coils at the edges.

이 이야기에 로우손(1984)은 출처를 의심한다. 코린트 기둥머리는 아칸서스의 최초 예를 전시하지 않았다. 데이(1977)도 동의하기를, "칼리마쿠스와 코린트 기둥머리 우화는 시인의 의도이지 실제 장식가의 것이 아니다[54]."

여러 해석이 더해졌다: 코린트시는 청동으로 유명했고 칼리마쿠스도 청동 작업으로 이름나 자연히 이들은 "코린트 워크"로 언급된다(아담, 1990). 바세 신전이 파르테논 건축가 익티노스에 의해 세워졌다면, 5세기 후 비트루비우스의 칼리마쿠스 이야기는 역사적 사실이다. 코린트는 장소가 아니고 청동에 첫 부착된 잎이다(로우란드, 1999). 아시리아 조각에 아칸서스 흔적이 없지만, 잎은 불완전 상태로 그리스로 전달되었다. 그리스는 이 잎을 자연의 임시 참고로서 정교화하고 미화시켰다(콜링, 1865). 코린트 기둥머리와 볼루트는 이집트 기둥머리의 계속이다(글래지어, 1933).

알로이스 리글(Alois Riegl)

리글(1992)은 아칸서스 연구와 이해에 으뜸가며, 보편 상징의 추구에서 로투스-팔메트 관계를 연구한 굳이어의 『The Grammar of the

---

Callimachus, who was called "kataexitechnos" by the Athenians for the elegance and refinement of his work in marble, passed by this monument all noticed the basket and the fresh delicacy of the leaves enveloping it. Delighted by the nature and form of this novelty, he began to fashion columns for the Corinthians on this model, and he set up symmetries, and thus he drew up the principles for completing works of the Corinthian type(translated by Rowland, 1999).

54 The fable about Callimachus and the Corinthian capital is the intention of a poet, not of a practical ornamentist.

Lotus』(1892)를 그의 설명으로 택했다. 리글은 비트루비우스 이야기와 지중해 아칸서스의 파생에 회의적이었다. 아칸서스가 초기 형태의 계속으로 옛 팔메트에서 변한 가설을 주장하고, 팔메트와 에레크테이온의 초기 아칸서스 잎을 비교하였다. 이 과정에 그는 부적당한 요인들을 피했다. 예로, 장례 돌 기념비의 꽃병 페인팅에서 아칸서스 잎의 자연적 묘사이다.

그가 삽화로써 설명한 잎은 가장 가까운 아칸서스 예와도 거리가 멀었다. 왜냐하면, 초기 예들은 아칸서스 잎을 재현하지 않았고 성배의 받침과 닮았다. 그리스 조각가들은 이것을 줄기에 일치하는 위치에 두었지, 잎으로 전향한 팔메트가 아니다. 팔메트는 개화된 꽃으로, 아칸서스는 성배로 형성되었다. 초기 아칸서스 스크롤에서 잎은 줄기와 분할을 감추는 기능이었다.

따라서, 리글의 책은 개인 초점에서 쓴 것이다. 그러나 어떤 학자도 비잔틴 돌 조각, 로마네스크 기둥머리, 고딕 잎을 장식했던 아칸서스 스크롤의 분할과 파생을 연구하지 않았다. 그의 분석은 고대인도와 중국에서 식물 오너멘트 연구를 도왔다.

아칸서스 스피노수스:
그리스, 헬레니즘, 비잔틴

그리스 아칸서스

아칸서스 잎 처리에서 그리스 아이디어는 "완전한 잎"을 생산하
는 것으로 자연에서 발견할 수 없고, 혹은 - 한 완전 인간 형태가
발견될 수 없는… 그리스는 그들 자체 아이디어에 따라 형상들
을 완성하였다(콜링. 1865)[55].

고대 그리스와 그 식민지 건축은 기원전 약 1100년에서 1세기이
다. 그리스는 이집트와 근동에서 영감 받았고, 나중에 로마와 유럽
에 영향 주었다. 그리스인들은 지성의 고유한 특질과 심미 판단을
지켰고 건축은 그들의 완전 성취 단계를 나타낸다. 초기 건축에 아
시리아 조각은 중요 역할을 하였으나, 아칸서스의 사용 흔적이 없
으며 조각은 불완전하게 그리스로 전파되었다. 초기 아칸서스 잎은
지그재그 윤곽, 분리된 싹, 둥근 엽으로 그 표면 몰딩은 아테네 돌
기념비를 위해 다소 글자 모양을 가진 섹션으로 처리되었다.

파로스 섬(c. BC 460)에서 아칸서스 잎을 가진 소녀 무덤 비석에

---

[55] The idea of the Greeks in the treatment of the acanthus leaf was to produce a perfect leaf, a
thing which cannot possibly be found in nature- nor can a perfect human form be found…
The Greeks sought to perfect their figures according to their own ideas(Colling, 1865).

팔메트 마무리(finial)는 최초로 알려진 장식이다. 기원전 4세기에서 고전 시기 마지막까지 그 발전에 다양함과 풍부함을 나타낸다. 143cm 높이 파리언 대리석으로 꼭대기를 향해 점차 가늘어지는 돌 기념비는 팔메트로 처리했다. 볼루트 사이의 마무리 아랫 부분은 두 아칸서스 잎으로 덮어, 두 볼루트 끝과 팔메트를 감춘다. 베를린국립박물관에 보존되어 있다.

아테네 에레크테이온. 안테미온과 팔메트의 아이오닉 프리즈, BC 421~406(왼쪽), 아테네 기념비 안테미온(오른쪽)

기원전 5세기 후반, 그리스 오너멘트에 아칸서스의 첫 나타남은 불확실하나, 에레크테이온에 조각된 안테미온의 가지 스크롤을 감추는 잎으로 나타났다. 다른 초기 예는 아티카 바세 피갈리아에 위치한 아폴로 신전이다. 조각 오너멘트의 발전에 따라 잎은 더 정교해지고, 거의 항상 볼투트 혹은 나선 스크롤과 연관하며 안테미온 밴드, 코린트 기둥머리, 돌 기념비, 린소에 사용되었다.

바세의 에피다우루스 아폴로 신전(BC 400)은 기원전 파르테논 건축가 익티노스에 의해 세워졌다. 첫 코린트 기둥머리가 신전 실내에서 아이오닉 기둥 열 사이에서 격리되며 중심에 위치한다. 위치가 제시한 대로, 앤터블래처는 개발되지 않아, 아이오닉의 것에 더해진 경향이다. 이 창조는 아테네 무덤 돌 기념비에서 시작된 아칸서스 잎과 텐드릴를 가진 칼라토스의 단순한 벨 모양의 조합이다. 제식 동상 위치로 기둥 자체가 숭배 대상물로서, 갑작스러운 죽음의 신 아폴로의 속성인 것 같다.

델피의 마르마라 토로스(c. BC 400)에서 볼루트는 뒤집은 스피럴로 구석에 아바쿠스를 지탱하려 벨에 응용되었다. 테게아의 실내 반기둥은 낮은 콤팩트 기둥머리에 잎은 벌어지며 볼루트는 그 중심에서 자란다.

리시크레테스 코라직 모뉴멘트의 아칸서스

몇 년 후, 아테네의 리시크레테스 코라직 모뉴멘트 코린트 기둥머리에서 잎과 볼루트들은 거의 분리되어 금속공예와 비슷하다. 아칸서스 잎은 다양해지며 여러 종의 식물이다. 건축 외부에 최초로, 기둥들은 더 가느다랗고 나선 볼루트를 정교하게 조각된 잎으로 대치했다. 아래는 평평한 잎, 중간은 꽃, 위는 텐드릴로 조그만 안테미온에 덮인 다른 식물이다. 리시크라테스 아칸서스는 타우워 어브 윈즈의 단순함과 비교해서 지나치게 정교하다.

에피다우루스 토로스 기둥머리는 아테네 제우스 올림피우스 신전(BC 174)의 후기 형태에 접근하며, 로마 코린트의 프로토타입을 제공하였다. 에피다우루스 토로스에서 잎은 더 느슨하고 볼루트도 더 가늘다. 이 형태는 2세기 아테네 올림피우스 기둥머리에 잎과 볼루트를 암시하는데, 한 잎이 다른 잎 뒤에서 자라면서 주위 공간을 덮는다. 1세기 후반에 코린트 기둥머리 표준이 성립되었다. 아칸서스 잎은 더 커졌고 볼루트 줄기는 홈을 판 잎집을 감쌌다. 팔메트 혹은 꽃은 볼루트에서 아바쿠스로 이동했다. 상세함이 컬러로 처리되었다.

헬레니즘 아칸서스

알렉산더 대왕의 죽음 후 제국의 영토는 그의 장군들에게 나뉘며, 헬레니즘 문화는 더 넓은 세계로 퍼졌다. 가느다란 코린트 양식은 아이오닉보다 더 장식적이고 덜 엄격하여 실내에 적합한데, 헬레니즘의 주요 건축에 택해졌다.

기원전 3세기 델피의 "춤추는 세 소녀" 기둥으로 대규모 건축에 사용된 여러 모티프다. 각 기둥-드럼은 넓은 잎들의 벨에서 일어나고, 끝을 젖힘은 이집트 프톨레미 왕궁과 벽 페인팅에 묘사된 기둥에 영향 끼쳤다[56]. 꽃 모티프는 조각의 기초로 전파되었다.

---

56 로마 통치 이집트에서 신전의 꽃 기둥머리 발전에 직접적으로 영향을 미쳤다. 에스나의 크눔 신전은 초기 교회의 바스켓 기둥머리로, 초기 로마네스크에 비잔틴 예술을 통해 간접적으로 영향 주었다(빌동, 2001).

춤추는 세 소녀

헬레니즘에서 코린트 기둥머리의 고전은 아테네 올림피우스이다. 칼라토스는 아칸서스 잎들로 무거워졌고, 중심 카우리콜리에서 두 볼루트가 대면한다. 아바쿠스의 중심 홈파진 곳에 메꽃은 사리드의 것처럼, 아이오닉 기둥머리에 나타났다.

디디마는 미묘와 광채를 가진다. 기원전 1~2세기와 제정 로마 시대 동안, 조각가들은 모든 자원을 개량하고 팔각형 기초, 역사 기둥머리, 잎 프리즈, 동물을 가진 잎 모티프를 만들었다. 에페수스 가까운 벨레비 마우솔레움은 이들을 활용하였다. 코린트 기둥머리 아칸서스는 부피가 더 크고 퍼지며 깊이 새겨졌다. 에피다우루스 토로스의 것처럼, 엔터블래처의 아칸투스는 마치 바람에 불리는 무거운 장식이다.

비잔틴 아칸서스

6세기 비잔틴 제국 확장은 불생의 상징인 이교도 아칸서스를 다른 형태로 남겼다. 암흑 시기, 형상은 거의 사라지며 추상 식물이 대치되며, 아칸서스는 교육 기능으로 기독교의 아이디어와 믿음 진열장으로 계속하였다. 비잔틴은 시각 용어를 통해 기독교를 처음으로 완전하게 표현하며, 초기 동비잔틴의 잎은 그리스 유형을 이어받았다[57]. 상 소피아의 잎은 그리스의 날카로운 잎과 닮았다. 서기 300년 후 스타일에 변화가 오며, 텐드릴은 강직하고 상세함이 사라졌다. 아칸서스는 배경에서 분리, 평평해지며, 이 비잔틴 스타일은 유럽 전체에서 인기를 끌었다. 상 소피아 아케이드 패널과 기둥머리 잎은 두껍게 퍼져 배경이 거의 사라지며, 줄기와 잎은 하나로 텐드릴은 곁가지를 가진 단독 잎이 되었다.

초기 비잔틴 아칸서스로, 테살로니카 상 데메트리우스(c. 475)는 후기 로마와 비슷하다. 그러나 기둥 잎은 레이스 작업으로 전통 기둥머리의 혁신이며, 위로 향한 아칸서스가 바람에 날리는 것처럼 잎을 둥글게 하였다. 옛 모티프 대신에 추상 패턴과 기독교 상징을 겸비했다.

글래지어(1933)는, 비잔틴 기둥머리는 쿠션 형태와 두드러진 상징으로 고대 그리스-로마와 다르다고 주장한다. 기능적으로 이 유형 기둥머리는 바람직하나, 이집트와 초기 고딕 기둥머리의 정력적이고 위로 향한 성장이 부족하다. 비잔틴 기둥머리는 복잡함과 상세함을 상징으로 인터레이스, 서클과 십자, 바스켓 작업, 체커, 그리스의 날카로운 아칸서스를 사용했다.

아이오닉과 코린트 양식은 종종 함께 퇴폐 형태로 존재했으나, 다음 세기 바스켓 기둥머리가 스타일화 식물의 인터레이스로 단순하고 열린 형태를 생성했다. 이 유형은 즉시 전 지중해로 퍼졌다.

---

57 아칸서스는 로마 몰락 후 소수 역할이다. 옛 형태들이 유럽 장식과 로마네스크 예술의 토대가 된 것은 카롤링거 르네상스가 되어서이다(하우그리드, 1950).

비잔틴 아칸서스로 클라세 상 아폴리나레

이미 언급한 상 소피아는 유명한 돔으로 사각 플랜에 반 돔들과 펜던티브로 지탱되며 컬러풀한 모자이크가 상징으로 단장되었다. 오토만이 1453년 콘스탄티노플을 정복했을 때 교회의 찬란함에 영감 받고 그들 모스크 모델로 채택했다. 107개 기둥은 진귀한 대리석으로 기둥머리는 비잔틴 레이스로 장식되었다. 180피트 높이에 102피트 직경을 가진, 제일 큰 비잔틴 건물로 기독교 세계에서 가장 인상적이다.

두란드(1999)에 따르면, 비잔틴 시민들도 상 소피아가 신성이 개입한 결과로 간주한다. 트랄레스의 안테미오스와 미레투스의 이시도루스는 건축을 통해 권력과 조화를 반영했다. 황제 유스티니아누스는 이집트에서 반암 기둥을 가져왔고, 화이트 대리석 기둥머리는 양편에 나선을 가진 바스켓 모양으로 스타일화한 아칸서스 잎으로 조각했다. 콘스탄티노플의 어떤 작업보다 월등하다. 구석 볼루트의 정력적이고 우아한 기둥머리는 로마 콤포지트와 비잔틴의 평평한 아칸서스다.

라벤나 상 비탈레(526~547)는 공간 효과, 장식 대리석, 아칸서스 잎 기둥머리로 완전한 비잔틴 스타일이며 콘스탄티노플에서 수입되었다. 고전 모델은 잃지 않았고, 코린트 기둥머리의 섬세한 언더컷과 모형화가 사라졌으나, 우묵한 아바쿠스, 볼루트와 로제트는 남았다. 아칸서스 잎은 고대의 것처럼 두 열로 교대로 배열, 바람에 날리는 것처럼 꼬였다. 살로니카의 상 데메트리우스에서 잎은 두 열로 반대 방향으로 불고, 같은 도시의 상 소피아 잎은 같은 방향이다. 클라세 상 아폴리나레에서 잎은 평평하게 날린다. 비잔틴 잎은 인위적으로 만들지 않았고, 얕은 홈, 날카로운 절취, 드릴 사용으로 표면이 표현되었다. 결과는 섬세하며 가리비 혹은 바다 섬게를 연상시킨다.

이집트 콥트 아칸서스

첫 세기 기독교를 신봉했던 이집트는 종교 당국의 지적 특질과 금욕주의 경향으로 뾰족한 야생 아칸서스를 사용했다. 수도원의 최초 은자에게 가시 있고 메마른 아칸서스 잎은 자기를 의심하며 영적, 신체적 시험을 표현하는 적절한 수단이기 때문이다. 다소 스타일화된 아칸서스는 기하 장식으로 발전하며 콥트 예술에 기여했다. 3~5세기 기독교 모티프는 이집트에서 시리아, 팔레스타인에 마침내 비잔틴 기둥머리, 돌기둥 기념비, 조각 장식으로 배포되었다.

아칸서스의 배포는 이교도와 기독교 환경으로, 그 상징 해석은 배타적이 아니고 공동점에 목적을 두었다. 아칸서스는 모든 종교의 특권이며 각자에 따라 다른 상징을 한다. 예로 헬레니즘에 영향 받은 팔레스타인 유대인들은 아칸서스를 유대 교회당 기둥머리에 장식했다. 3세기 후 건물의 기능을 강조하려 아칸서스 옆에 7가지 촛대(메노라), 왕관, 6잎 로제트를 두었다. 이교도 그리스-로마 상징에서 불생의 아칸서스와 연결하며 유대교의 영원을 확인하려 했다. 일 세기 후 이 관행은 기독교에서 재생, 유대교 기호들이 기독교의 것들로 대치되었다. 십자나 크리스몬 기독교 상징을 이교도 아칸서스에 삽입함은 그리스-로마 이교도 상징이 기독교화됨으로 이해된다.

아칸서스 몰리스:
로마, 로마네스크, 초기 고딕

로마 아칸서스

아칸서스 잎 사용에 로마인들은 거의 예술을 보이지 않았다. 아름답게 양식화된 그리스의 것을 이어받았으며, 일반 윤곽에 매우 가까우나 표면 장식이 과장되었다. 그리스인들은 잎으로 되어가는 과정과 그 배열을 표현, 한정했으며 그 표면의 섬세한 파동에 전 신경을 쏟았다(존스, 1856/1972)[58].

로마 아칸서스 몰리스는 더 크고 얇으며 유연성으로 기초에서 잎이 되는 과정의 커브에 싹을 가진 복잡한 잎이다. 또 덜 육중하고 덜 뾰족하며 더 상세히 만들어졌다. 로마인들은 아칸서스를 수정, 양식화하였고, 그들 신전은 그들의 다재함, 개념, 기술, 심지어 다른 국가 예술 동화력을 식별한다. 그리스, 특히 헬레니즘에서 영향받았다.

정교하고 섬세한 그리스 장식의 결핍에도 아이디어와 수행에 대담하고 정력적인 아칸서스 스크롤의 둥근 톱니 모양은 로마 건축

---

58 In the use of the acanthus leaf the Romans show little art. They received it from the Greeks beautifully conventionalised; they went much nearer to the general outlines, but exaggerated the surface-decoration. The Greeks confined themselves to expressing the principal of the foliation of the leaf, and bestowed all their care in the delicate undulation of its surface(Jones, 1856/1972).

장식을 지배하며, 다른 유형의 잎도 기둥머리에 나타났다. 글레지어(1933)에 따르면, 파르테논 코린트 기둥머리는 단순한 올리브 잎을, 셉티무스 세베루스 아치의 콤포지트 기둥머리 잎은 톱니 모양을, 티볼리 베스타 신전의 코린트 기둥머리는 파슬리 잎이다.

언급한 대로, 코린트 기둥머리는 아이오닉의 단순한 변형이나 로마인은 이것을 미화시켰다. 로마 파르테논, 카스토르-폴룩스 신전,

베스타 신전 기둥머리

셉티무스 세베루스 아치

파우스티나 신전(BC 7)이 좋은 예이다. 각각 8개 아칸서스 잎의 두 열로, 잎집에서 뛰어나오는 볼루트, 볼루트를 지탱하는 줄기로 배열되었다. 위쪽은 8개 카우리콜리에서 쌍 가지를 만드는 16개 나선 볼루트에 숨겨졌다.

카스토르-폴룩스 기둥머리는 생생한 잎 조각과 서로 얽힌 조그만 볼루트로 더 표준에 가까운 유형이다. 더 정교한 기둥머리와 대조를 이루기 위해 경제, 고의적 효과, 자르지 않은 잎으로 단순한 형태를 만들었다. 로마 코린트 기둥머리는 중세, 초기 르네상스를 거쳐 현재까지 남은, 우아한 프로포션과 조각이다.

남프랑스 님의 메종 카레(BC 16)는 코린트 양식의 여섯 기둥으로, 그 텐드릴 패턴 프리즈는 지방 석회암으로 조각되었고, 아바쿠스는 초기 로마의 플루트 같은 잎 밴드를 보인다. 아우구스투스 시기 세워졌으며 로마 신전 중 가장 잘 보관되었다. 정확한 기둥과 장식 투스칸 코린트 기둥머리는 고전 형태에 비트루비우스의 이론에 완전히 부합하는 예이다.

로마네스크 아칸서스

어휘 "로마네스크(Romanesque)"는 19세기 예술 역사가에게, 초기 문화 예술에 의존하면서도 저하되고 파생된 스타일로 인식되었다. 샤를마뉴는 800년 신성로마 왕관을 쓰고 새 중심지를 아헨에서 시작, 처음으로 수도원을 세웠다. 그의 통치 기간, 로마네스크 아칸서스는 옛 형태로 다시 나타났고, 텐드릴은 고전의 자연적 유형이다.

그러나 프랑스 로마네스크 기둥은 도어 옆 기둥 축이나 구석 기둥의 새 용도를 위해 수정되었는데, 롬바르드 영향도 이 발전에 기여했다. 기둥머리는 코린트 유형에 무거운 아바쿠스, 프로포션과 상세함으로 표현, 예로 남프랑스 모아삭 기둥머리는 코린트 전통의 비잔틴 특징이다.

로마네스크 기둥 발전은 단순한 쿠션 기둥머리에서 유래하며 차츰 형상이 담기기 시작했다. 볼루트를 가진 아이오닉 기둥머리가 초기의 개작이나, 스타일화된 잎은 쿠션 기둥머리를 장식으로 바꾸며, 나선과 꽃 모티프에 상상적 변형으로 가면과 동물, 인물이 더해졌다. 헌(1981)은, 로마네스크 기둥머리는 소성(plasticity)의 아이디어, 깊은 조각의 코린트 기둥머리, 비종교적 잎으로 시작하여 그 특징은 구조의 조각성이라고 피력했다.

기둥머리는 기스(1977)에 의하면 다음 문맥이다. 기초와 기둥머리를 가진 기둥은 나무 형태에서 유래, 나무가 뿌리와 하늘로 향하는 꼭대기를 가졌고, 이들 상호 관계는 신성한 영역에서 항상 존재하였다. 기둥은 하나님이 살아 있는 우주의 상징 형태로, 기둥머리는 지상과 천국의 중재자이다. 어쨌든, 코린트 양식에 인물의 첫 삽입은 상 베노아 수 로아르로 기둥머리의 전환을 제시한다.

> 이 강력한 건축 구성의 견고와 복잡성은 어떤 면에 로마네스크 장식가들이 세우려 한 기초와 영감이 되었다. 그들은 기능 형태를 존경하는데 아칸서스의 줄기, 각진 볼루트, 매달리온, 그러나 그들 사이 인간, 동물, 형상의 구성에 점차 소개되었다. 로마네스크 예술은 교회가 이야기하게끔 하나 건축 질량과 그들의 기능을 방해하지 않고 공간이 풍부한 아이코노그래피를 위해 발견되어야 한다. 그것은 기둥 꼭대기에 놓음이 필요한데 동시에 오직 한두 형상이 아니고, 무모함과 덜 중요함의 나타남을 피하면서이다(포실롱, 1963)[59].

---

59 The solidity and complexity of these powerful architectural compositions became in some

로마네스크 기둥머리 장식 기능은, 중세 문화 예술 면에서 이해되어야 하는데, 이미 언급한 유명한 문서 "아폴로지아"이다. 약 1125년 성 베르나르가 띠에리의 성 윌리엄에게 보낸 글로, 기둥머리 형상을 비난하는 로마네스크 조각 증거로써, 모든 기형 동물은 하나님 법칙의 중재를 파괴, 승려들은 온종일 이들을 바라보며 시간을 보낼 것이다.

실제, 로마네스크 조각은 증가하는 주로 비문맹 신자들을 향한 교회의 소통 수단이었다. 11세기 초 잠정적이나 지속적 실험들이 로아르 계곡의 부르군디 교회들에 있었으며, 기둥머리에 한정되었다.

포실롱(1963)에 따르면 다음과 같다. 형태는 기능으로 결정되어, 기둥머리 장식 문제는 더 복잡하다. 기능 활동을 강조하고 돕기 위해 형상의 삽입은 로마네스크 조각의 최대 업적일 것이다. 불행히 11세기는 여러 하류와 통제되지 않은 워크숍들을 통해 메마르고 허약한 잎 기둥머리 전통을 유산 받았다. 그러므로 상 베노아 수 로아르 교회 입구 조각은 코린트 양식의 고귀함과 장려를 회복한다. 중심축의 각각 면에 장식 로제트 대신, 형상을 삽입한 점이다.

사피로(1977)도 동의한다. 로마네스크 기둥머리의 다양한 디자인은 반복된 건축 요소들에 개별화된 오너멘트의 첫 예이다. 11세기는 종교 주제를 교육으로 사용하지 않았고, 비종교 모티프는 장식

---

sense the basis and inspiration on which the Romanesque decorators were to build. They respected the fundamental forms – collarets of acanthus, angle-volutes and medallions – but they gradually introduced among them men, animals, and figure compositions. Romanesque art was to make the church 'speak', space had to be found for an abundant iconography, without disturbing the architectural masses and their functions. It was necessary to set on top of the columns, at the same time avoiding the appearance of meagerness and insignificance, not one or two figures(Focillon, 1963).

이다. 조각 기둥머리는 중세 예술의 윤곽 장식과 평행, 초목과 꽃, 동물, 형상 혹은 추상의 디자인이다.

중요한 주제와 장식의 대조는 종종 주요 제목의 의미와 시각 효과성을 강조하려 애쓴다. 이 넓은 관행에서 대조는 예술 작품을 더 눈에 띄고 더 인상적으로 만들려는 의도를 추론함은 안전하다(헌, 1981)[60].

아헨 팔라틴 채플(792)은 카롤링거 왕조 샤를마뉴의 주장을 건축으로 증명하려는 목적을 띠었는데, 로마네스크 초기로 메츠 오도가 디자인하였다. 트리에의 로마 건물들에서 영감 받고, 라벤나 상 비탈레의 로마-비잔틴 교회에 기초 둔 중심 팔각형이다. 고전 코린트 기둥들은 라벤나로부터 샤를마뉴의 직접 지시 아래 아헨으로 운송되었다.

부르군디 로마네스크 조각은 형상 기둥머리로 정점에 다다랐다. 클뤼니 상 피에르-상 폴(c. 1100) 기둥머리는 고대 코린트의 것과 다르다. 교회는 그레고리안 찬송 악보에 8명의 인간화를 담은 두 기둥머리로 유명하고, 부르군디 스타일로 건축학적 상호 관계와 형상 요소 간의 조형 디자인이며, 각 기둥머리는 서로 연결된다. 코린트 기둥머리는 순수한 장식용이다.

---

60 The contrast between the main theme and the decoration, often very marked, served to highten the meaning and visual effectiveness of the principal subject. From this widespread practice it is safe to infer that the contrast was intended to make the work of art more striking and more impressive(Hearn, 1981).

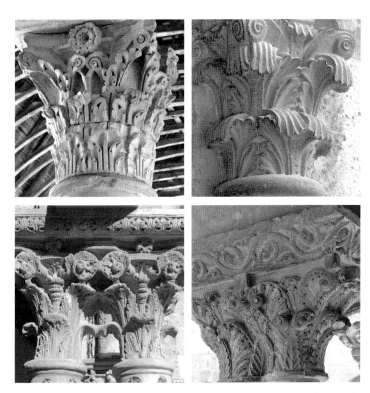

클뤼니(위 왼쪽), 상 쿠가트 델 발레스(위 오른쪽), 몬레알레(아래 왼쪽), 산토 도밍고 데 실로스(아래 오른쪽)

중세기의 상징 아칸서스

장식 아칸서스가 고대의 전통 상징을 뜻하는 이론과 그 예들이 있다. 로마네스크 이전 예술은 아칸서스를 기둥머리, 처마장식, 돌 기념비와 석관에 사용했다. 아칸서스는 스타일화되거나 자연에 가까웠다. 초기 기독교처럼 십자와 크리스몬과 연결했다. 카롤링거 밀라노 상 사티로와 코린트 유형의 비지고딕 기둥머리로 이것은 코르도바 모스크에서 재사용되었다.

　아칸서스의 상징성은 툴루즈에서 발견된 6세기 석관 시리즈가 증거한다. 포도, 아이비, 아칸서스로 그리스도의 모노그램을 둘러싼다. 석관에 재현된 아칸서스는 장식과는 거리가 멀고 이교도 상징을 기독교 아이코노그래피로 동화시킴이다. 불생과 영원으로 그리스 무덤 돌 기념비를 장식한 훌륭한 아칸서스다.

상 잔. 소르드

　로마네스크에도 마찬가지이다. 기둥머리, 아치, 팀파니움 등에서 자연적 혹은 스타일화되며, 프로방스 아를르 상 트로핌, 플로렌스 상 미니아토 알 몬테, 클뤼니와 순례 교회들에서 나타났다.

아칸서스가 유럽 전체로 퍼지는 과정에, 초기 이교도 아칸서스의 불생과 기독교 상징의 연결은 빈번히 잃었다. 십자나 그리스도 모노그램이 더 상징 가치가 있다는 추정도 있다. 그러나 중세 예술은 불멸 상징을 배제하지 않았고, 오히려 아칸서스의 평화적 공존과 상징 개념의 지속 조화로 이 추정은 모순이다. 즉 8잎 꽃으로 장식한 아칸서스 기둥머리이다. 숫자 8은 인간 재생을 의미하여, 이것은 이교도 상징 기원을 로마네스크 예술에서 재발견하게 돕는다.

12세기 아칸서스는 문맹 신자들에게 인간의 연약함, 특히 육체의 약점을 가르쳤다. 그리고 수도원 공동체의 영성과 사상 개념은 인간 환생과 영혼 불멸과 연결 지을 수 있다.

초기 고딕 아칸서스

우리가 다시 아칸서스를 만나는 것은 후기 독일 고딕이었다….
아칸서스에 마지막 큰 움직임은 이탈리아 르네상스였다. 1500년
이후로 아칸서스는 거의 완전히 기둥 오너멘트에서 사라지고 그
로테스크한 것으로 대치되었다(하우-그리드, 1950)[61].

1150년경 로마네스크 석공들은 건설에 필요한 모든 요구를 처
리할 수 있었다. 건축 세팅은 여전히 똑같아 고딕은 로마네스크의
자연적 파생으로, 새 스타일은 기술이 아니고 상징, 신비주의로서,
로마네스크에서 불가능했던 하나님을 향한 염원의 감정을 표현할
수 있었다. 따라서, 로마네스크를 지배한 조각의 조건을 지키지 않
았고, 형상과 동물 조각은 더 이상 필요하지 않았다. 기둥머리에서
비유적 형상은 부재했고, 식물 형태가 건물을 생기 있게 만들었다.
고딕 건축의 유기체와 기하적 특질에 상통하며 전체적으로 살아
있는 건물을 표현하기 위한 선의 조화를 강조한 스타일이다.

조각은 더 섬세해지며 투명하고 벽들은 감소하는 경향의 건축
유형에 뛰쳐나오고 분기하는 선과 함께 우아하고 파동 형태로
되었다. 이것은 컬러의 빛의 투명한 효과를 나타내기 위해 스테
인드글라스 창문들을 통해 일광을 여과하고, 건물의 정적인 힘과

---

61 It is not until the late German Gothic that we again meet the acanthus… The last great
movement on the acanthus is the Italian Renaissance… From 1500 and onwards, how-
ever, the acanthus disappears almost entirely from pillar ornaments and is replaced by the
grotesque(Hauglid, 1950).

영혼 긴장을 둘 다 표현하려 하중을 견디는 일부의 골격 형태를 남겨두면서이다(살비니, 1969)[62].

글래지에(1933)는 분석하기를, 초기 고딕 기둥머리는 정력적이고 아름다우나, 비잔틴의 섬세한 다양성이 부족하다. 빛을 향해 자라는 잎으로 고딕 장식은 위로 돌진한다. 잎 조각은 13세기 건물이 영혼과 지상을 시각화하기 위해 초목과 동물 조각으로 활기차게 보일 때 유행하였다.

자연에 보통과 익숙한 세계는 위를 향한 장식 몰딩으로서 올라가는 층계로 변했고 기둥머리들은 위로 직접 향한다. 동시에 인터레이스 초목의 몸부림치는 다수는 원시적이고 거의 이교 상징주의로 취급되었다(노르만, 1990)[63].

존스(1856/1972)는, 이 시대의 주 특징을 돌 조각에 잎의 완전한 적응력, 풍부한 상세함, 잎의 나선 성장, 빛과 그림자의 대조로 보았다. 고딕 잎은 원칙과 수행에 거의 완전하며 구조 특질과 조화를 이

---

62 Sculpture becomes more delicate, with graceful and undulating forms to go with the projecting and branching lines of a type of architecture which tended to reduce walls to a transparency, filtering the daylight through stained-glass windows to make a transcendental effect of coloured light, leaving the skeletal forms of the load-bearing members to express both the static forces and the spiritual tension of the building(Salvini, 1969).

63 The ordinary and familiar world of nature is transformed into an ascending ladder as the decorative mouldings and capitals direct the gaze upwards; at the same time the writing masses of interlaced vegetation are touched by a primitive, almost pagan symbolism(Norman, 1990).

루어 자연스럽게 성장한다. 그러나 스타일은 양식화되어야 한다. 왜냐하면, 잎이 자연과 더 닮을수록 그 아름다움이 사라진다. "그 구조 특질의 장식이 되기를 멈추고 응용 오너멘트가 된다[64]."

초기 영국 기둥머리 오너멘트는 기둥 목 부분에 줄기 시리즈로 나뉘며, 줄기는 꽃으로 끝맺는 축에서 일어선다. 이집트 기둥머리 장식 모드와 유사하다. 이 점에 콜링(1865)과 햄린(1916)은 피력한다. 11~12세기 초기 프랑스 고딕에서 로마네스크의 고전 유형이 보였다. 이것은 벨 모양의 핵심, 구석을 자른 사각 아바쿠스, 볼루트 같은 구석 크로켓의 코린트 유형을 상기시키나, 아바쿠스는 캡과 축에 크고 무겁다. 캔터베리 사제석과 트리니티 채플의 둥근 잎은 초기 프랑스의 것과 비슷하고, 남쪽 트랜셉트 기둥머리는 로마 마르스 울토르 잎 같다.

캔터베리(1174~1179)의 사제석 재건은 프랑스 건축가 윌리엄 상스가 맡았고, 영국 초기 고딕의 시작이다. 같은 성당의 트리니티 채플(1183) 기둥머리 장식은 12세기 프랑스, 노르망디, 영국에서 인기인 코린트에 기초 둔다. 이 시기 중반 후, 프랑스는 로마의 양식화된 잎과 더 자연적 잎들을 소개하였다. 캔터버리 사제석과 트리니티 채플에서 두 종류가 사용되며, 랭스 상 레미(1170~1181) 기둥머리를 닮았다.

다음 20년간 외국 수입의 수정과 변형에서 모티프는 영국 취향으로 변했다. 정교한 잎 크로켓과 초기 프랑스 고딕의 반 자연적 잎을 거절하고 스티프리프(stiff leaf)을 개발했다. 삼차원적 잎에서 리듬을 가진 패턴이 독특하다. 1179년 영국 건축가 윌리엄이 캔터베리

---

64 It ceased to be an ornamentation of structural features, but became ornament applied.

스티프리프: 캔터버리 트리니티 채플(왼쪽), 영국 웰스 성당, 1176~1450(오른쪽)

작업을 이어받고 5년 후 풍부한 선 패턴과 아름다운 잎을 생산했다.

캔터베리에서 코린트 잎은 엽들 대신 작은 잎들로 나뉘며 여전히 중심 줄기에 부속되었다. 이것에서 그것은 초기 영국으로 전달되었다. 그리고 잎은 갈라진 부분들로 나뉘며 특징적 잎들을 형성한다. 그러나 13세기 잎 전체를 통해서 둥근 엽들은 여전히 뚜렷하다. 양식화된 작은 잎들을 제쳐두고 잎이 자연에서 직접 택한 것까지이다. 그러나 고전적 감정은 그 보류를 유지하고 초기 고딕 시대의 잎 전체에 영향을 끼쳤던 경우까지였다(콜링, 1865)[65].

---

65 At Canterbury, the Corinthian leaf was split up into leaflets, instead of lobes, but still attached to the centre stem. From this it passed into the Early English, and the leaf was divided into separately parts, forming distinct leaves, but the round lobes were still conspicuous, through the whole of the foliage of the thirteenth century, until the conventional leafage was thrown aside, and foliage was taken more directly from nature; but until that was the case, the Classic feeling retained its hold and exerted an influence upon the whole of the foliage of the Early Gothic period(Colling, 1865).

아칸서스 상징의 죽음

다음 여섯 논증은 아칸서스를 순수한 장식으로 강조함에 목적을
둔다. 19~20세기 여러 학자의 고심에도, 고대 이교도 상징 아칸서
스와 기독교 장식 아칸서스에 확실한 연관을 확인할 수 없다. 리글
(1893/1992)도 르네상스까지 아칸서스의 발전을 설명했다. 만일 아칸
서스가 상징으로 계속했다면, 아래 여섯의 예는 모티프 사용을 피
했을 것이다.

　(논증 1) 이교도 이집트 프톨레미-로마 아래 건설한 수단의 나
가 키오스크 콤포지트 기둥머리는 로마 아칸서스 유형을 택했다.
(논증 2) 인도 간드하라와 중국 윈강 불교 건축에서 그레코-로마
아칸서스의 도입이다. 간드하라는 대왕 알렉산더 정복으로, 윈강은
중국과 중앙아시아의 무역과 전쟁 결과이다. (논증 3) 로마 이교도
에서 초기 기독교에 아칸서스의 전달이다[66]. (논증 4) 로마네스크 베
네딕도회의 사치 장식에 반대하여 시토회는 아칸서스를 단순한 워
터리프로 바꾸었다. (논증 5) 초기 고딕 이후 여러 식물이 등장하며
아칸서스는 점차 사라졌다. (논증 6) 이슬람 장식에서 아칸서스의
역할이다.

---

66 기독교가 이교도의 상징들을 흡수, 개정하였다는 이론을 앞에서 소개했지만, 고대 이교도 상
　징 아칸서스와 기독교의 장식 아칸서스에 뚜렷한 연관이 없고 완전한 연구가 이루어지지 않
　다는 의견에 저자도 동의한다.

논증1. 이집트 프톨레미 나가 키오스크의 아칸서스 부흥

나가 로마 키오스크는 아마 3세기에 세워진 것으로 로마 스타일에 모양 없고 지방적 형태이다. 수단 남쪽 나가에 메로이틱 왕 나타카마니가 이집트 신전 앞에 세웠는데, 나일강에서 멀다. 기원전 23년 아우구스투스 통치 시기, 페트로니우스가 나파타의가 수도 쿠시트까지 잠시 침입한 후이다. 키오스크는 고고학 조사가 없음에도 메로이틱 건축의 세 요소를 가진다.

수단, 누비아, 나가의 로마 키오스크

(i) 키오스크의 내부 기둥 벽들은 옛 파라오 전통을 따른다. 신전 자체는 문과 홀들의 연속으로, 나일 계곡에 위치한 고전 신전들의 한 소형 버전이다. (ii) 방 하나의 신전 유형은 이집트 건축에 전형적이 아니며 지방 형태로 수단의 여러 곳에서 발견된다. (iii) 헬레니즘 요소를 지닌 그리스 건축 평면 플랜으로, 신전 주위에 둘러싼 단독 혹은 이중 기둥들이다.

213

고대 이집트, 메로이틱과 헬레니즘의 공식 언어들은 나가에서 혼합되었다. 키오스크는 헬레니즘의 로마 아칸서스 기둥머리와 창문 위 둥근 아치를 가진 가장 남쪽 지역의 예다. 파라오닉 건축과 유사성이 없고, 메로이틱 왕국을 로마 세계와 연결한다. 이교도 신전에 사용된 아칸서스는 장식 수단으로 먼 곳까지 확장됨을 증명한다.

논증 2. 그리스-로마 간드하라와 윈강의 둔황

(간드하라: 그레코-로마 형태와 인도 아이코노그래피)

알렉산더 대왕의 정복에 따라 헬레니즘 건축이 더욱더 동쪽 영역에 펼쳐지며 지방 건물 스타일과 배합하였다. 기원전 2세기부터 2세기까지 수 개의 평행한 건축 전통이 극동, 이란, 중앙아시아에서 발전, 공동의 특색이 있으며, 예로 여러 층으로 나뉜 장식 파사드, 세 양식 기둥머리로 솟은 벽기둥의 풍성함을 들 수 있다.

헬레니즘 오너멘트는 헬레니즘 지역의 다른 종교와 문화로 파르티안(Parthian)과 쿠산(Kushan)의 목적에 맞게 채택, 개정되었다. 결과로 아이오닉과 코린트 양식이 파르티안의 고전 신전과 이완 의식 홀, 쿠산의 불교 유물 스투파(stupa)에 나타났다. 간드하라 예술은 1~5세기 북서 인도에서 쿠산 황제 카니스카와 그의 계승자들이 이룬 것이다. 로우란드(1971)의 주장을 따르면, 이름 지정은 이 지역의 고대 이름에서 유래하며 "그레코-불교"로 불려야 한다. 이 어휘는 때때로 같은 예술에도 응용되나 그리스 예술의 파생으로 오해되었다. 탁실라의 파르티안 시대에 아이오닉 양식이 건물에 응용되었고, 코린트는 쿠산 건물 구조에 거의 보편적이었다. 간드하라 코린트 기둥머리는 시리아와 팔레스타인의 로마 통치 지역의 가장 가까운 프로토타입으로, 잎과 나선 배열에 독창성이 없다.

코린트 예들에도, 고대 인도 브래킷 유형을 회상하는 형태에 아칸서스 잎들의 응용은 코린트의 바스켓 같은 모양의 완전 손실로 초래하였다(로우란드, 1971)[67].

부다와 보살 형상이 간드하라의 많은 코린트 기둥머리에 잎으로 다시 소개되었는데 이 요소들의 배합은 로마 양식의 콤포지트 형태를 제시한다. 간드하라에 코린트 양식의 우월성은 로마 근원을 우선하는 주장들의 하나이다. 벽 장식은 고대 후기 예술의 전형적 아케이드 모티프를 가지나 아치는 인도의 오지(ogee) 유형이다. 겉보기에 코린트 기둥머리의 아칸서스 잎 중심에 부다 혹은 보살이 사치스럽게 장식되었다.

간드하라 코린트 기둥머리에 나타난 부다

---

67 In Corinthian examples such an application of acanthus leaves to a form recalling the ancient Indian bracket type of capital results in a complete loss of the basket-like shape of the Corinthian(Rowland, 1971).

리글의 연구는 모티프의 어원을 택한 용맹한 실험에 더 가치 있음을 증명한다. 나중에 아시아를 통과하여 극동으로 간 스크롤의 놀랄 만한 전파를 나는 언급한다. 그것은 중국의 한 왕조 시기에 나타났는데 우리 시대의 첫 세기들로, 중국 관용구에 가까우나, 여전히 그리스 스크롤을 인식한다. 그리고 마침내 그리스 악센트를 완전히 잃지 않고 꽃장식의 대 전통으로 거기서 적응되었다. 인도에서 5세기부터 부다의 후광 위에 불교 형상으로 처음 관련되었다(곰브리치, 1979)[68].

아칸서스, 아이비, 바인 스크롤이 헬레니즘 세계와 로마 제국을 통해 보급되었는데, 특히 건물 장식, 벽 페인팅과 모자이크 디자인에서 보인다. 바다와 육지 통로 무역은 인도 대륙, 중앙아시아, 중국 그리고 서양 세계를 통해 모티프를 분산시켰다. 간드하라는 인도 대륙과 서양의 주 무역 통로로 불교 건축과 오너멘트에 헬레니즘 유산을 영향 받았는데, 벽기둥에 코린트 기둥머리의 단순화 버전에서 뚜렷하다.

---

68 Riegl's research might prove even more rewarding to any intrepid explore who took up the etymology of motifs. I am referring to the astounding spread of the scroll across Asia into the Far East. It appears in China during the Han dynasty in the first centuries of our era, approximated to the Chinese idiom but still recognisable as the Greek scroll, and is finally adapted there to the great tradition of floral decoration without fully losing its Greek accents. In India, where it seems to have been associated at first with Buddhist imagery was on the halo of the Buddha from the fifth century(Gombrich, 1979).

(원강: 그레코-인도 형태와 중국 아이코노그래피)

불교는 종교와 관련된 건축 스타일, 대상물과 함께 중앙아시아 무역 통로를 따라 중국으로 흡수되었다. 중국은 중앙 집권의 몰락으로 수 개의 왕조로 나뉘었고, 398년 웨이 왕조의 황제 다우는 다퉁을 수도로 지정, 거의 일 세기 정치, 문화, 종교 생활의 중심지가 되었다. 불교 사찰은 외국 영향 아래 처음으로 잎 패턴을 보였는데, 중국이 부다의 숭배에 정확한 텍스트, 이미지, 사찰 식물을 배우려 중앙아시아로 눈을 돌린 후였다.

5세기 후반부터 다퉁 가까운 둔황과 원강의 동굴 사찰들이 부다 숭배를 위한 형상 조각과 장식 모티프를 제공했다. 동굴 7 뒷방 동쪽 벽은 아마도 460~475년 장식된 것으로, 원강에 초기 작업의 하나이다. 대체로 아이코노그래피는 그레코-불교 스타일이다. 9와 10은 동굴 앞에 페리스타일로 장식 기둥들로써 나뉘었다. 중국적 심미와 외국 주제의 융합은 둥근 벽감, 아칸서스 잎과 구슬 장식, 지붕 스타일에서 보인다.

16~20은 첫 단계로 이란, 비잔틴, 로마 지방의 상세함에 간드하라의 그레코-인도 불교 조각 영향을 받았다. 둘째 단계는 동굴의 다섯 그룹이다. 불교 이미지로 식물, 로투스 혹은 다른 꽃, 바인 스크롤, 피닉스, 용, 호랑이 같은 동물 모티프를 포함한 불꽃으로 장식되었다. 외국 영향들은 인도의 의복, 머리용 드레스, 코끼리, 이란의 구슬 착용, 비잔틴 무기와 사자, 그리스의 세 갈래 창과 아칸서스 잎에서 찾아볼 수 있다. 코린트나 아이오닉 기둥머리는 쇠퇴한 버전으로, 이 초기 동굴들은 아칸서스 잎이나 큰 볼루트를 지탱하는 벽기둥의 예를 제공한다.

원강도 마찬가지다. 동굴 7 내부 입구 드로잉에서, 교각은 조그만 지그재그 테두리에 세 층으로 나뉘었다. 아카메니드와 간드하라 조각에서도 보인다. 그리고 각각의 열에 릴리프로 새겨진 조그만 형상은 동지중해 전통이다. 교각 꼭대기에 부다는 쇠퇴한 코린트 양식에 두 큰 아칸서스 잎 사이에 나타난다.

기원전 첫 세기부터 "인간 거주" 코린트 기둥머리가 동지중해에서 응용되었는데, 레다(Leda)와 백조가 아칸서스 잎에 싸였다. 그러나 불교의 새 요구에 따라 쿠산의 벽기둥머리에서 부다의 조그만 형상이 여신을 대처하였다. 조그만 꽃과 아칸서스 잎 배합으로, 헬레니즘 아칸서스 스크롤과 코린트 기둥머리의 조그만 꽃을 재생산한다.

원강은 불교 건축으로 동서양 예술 순환의 결정화를 마련하면서 조각으로 유명하며, 불교 이미지, 장식, 건축의 상세함은 중앙아시아처럼 중국과 인도 문화를 중재하였다.

서양 예술 형태는 순환, 흡수, 주입 그리고 동화되었다. 마침내 고대 중국 문화의 진귀한 유산 일부가 되어 전례 없이 완전 새로운 상태로 결과를 남겼다(리우, 1989)[69].

세켈(1964)의 주장은 이렇다. 근동과 고대 원천의 바인 스크롤, 팔메트 혹은 다른 모티프는 불교와 관련 없다. 그들은 중세 초기 서양과 이슬람 장식처럼 아시아를 통해 불교에도 흡수되어서, 중유럽 로마네스크 교회에서 발견되는 잎과 스크롤 프리즈가 원강 동

---

69 The art form of the West had been circulated, absorbed, infused, and assimilated, and finally resulted in a new form completely without precedent, which eventually became a part of the precious heritage of ancient Chinese culture(Liu, 1989).

굴 사찰에서 발견됨은 놀랍지 않다. 어쨌든, 상징 아칸서스는 불교에 도입되지 않았을 것이다.

논증 3. 고대 이교도에서 기독교의 전달

초기 기독교는 숭배의 장으로 가까운 전임 건물인 로마 바실리카의 큰 열린 홀을 택했다. 콘스탄티노플 상 소피아 첫 교회는 나무 지붕의 바실리카 유형이다. 콘스탄티누스 교회들은 단순하며 구조 문제에 건축 기술을 요구하지 않았으며, 재료는 이교도 신전들의 잔재로 이들은 기독교 교회로 변경 혹은 파괴되었다. 비잔틴 도시는 대체로 7세기까지 근본적인 변화를 하지 않았다.

생존하는 바실리카로 5세기 로마 상 사비나 본당은 이교도 신전의 코린트 기둥으로 채웠다. 같은 시기, 시칠리아 시러큐스 아테나 도릭 신전이 기독교 바실리카 구조로 병합될 때 벽이 잘렸다. 베들레헴과 로마 상 피터는 이미 만들어진 기둥과 기둥머리의 무한정 공급으로 충분하여, 기둥 열의 여러 치수와 다른 양식 기둥머리는 성직자들의 무관심 탓이다.

기독교 개종은 그리스 지역에도 일어났다. 이교도 축제는 개종의 수단으로써 기독교 속성으로 계속되었고 장식 신전은 교회로 바뀌면서 신성의 암시가 다시 봉헌되었는데, 아테네 파르테논과 로마 판테온이다. 이 과정에서 이교도 기둥머리와 아칸서스도 함께 교회로 옮겨졌지만, 고대 상징 아칸서스는 기독교에서 장식으로 사용된 것 같다.

논증 4. 시토회의 장식 거절

시토회는 1098년 클뤼니가 주창하는 전통 수도원주의의 개혁으로 설립되었다. 몰레슴의 클뤼니 수도원 승려 그룹이 시토에 정착, 그들 공동체를 "새 수도원"이라 불렀다. 사치스러운 베네딕도회 장식에 반대하여 성 베르나르는 부르군디 클레르보 수도원장으로서 성 베네딕도의 규칙으로 돌아가도록 호소했다. '기도와 일'과 모든 사치를 피함이다.

웅변가이자 저술가인 성 베르나르는 1125년 전통 수도원 예술에 관한 "아폴로지아(변명서)"를 랭스 교구 상 티에리 수도원장이며 친구인 윌리엄에게 바쳤다. 12세기 예술에서 가장 지각 있는 당시 문서들 중 하나이다. 빈곤의 요구와 함께 시토회의 금욕적 일과 과학은 교회 건축에 새 유형의 석공으로 순수한 라인과 엄격함을 배합했다. 장식 부재의 강한 단순성과 내핍의 엄숙함은 클뤼니 베네딕도회 장식과 대조된다.

시토회의 전형적인 워터리프로 수도회의 단순성을 강조

시토회 법령은 1134~1152년 집성되어, 그림과 조각을 금지시켰는데, 교회 실내에 컬러, 보석, 고급 원단도 마찬가지다. 벨 탑이 없으며 장식은 단순한 워터리프 벨 기둥머리로 12세기 후반의 교회에서 발견된다. 영국 비란드, 푸르네스, 제르보 대 수도원은 이 시기 마지막 단계에서 세워졌다. 비란드에서 둥근 천장의 상세함과 석공 작업이 완성되었고 큰 교각 기둥머리는 컬이 지고 각이 진 워터리프와 오목한 벨, 심지어 약간의 우아한 아칸서스 볼루트를 보인다.

시토회 건축은 프랑스와 스페인 고딕에서 중요 역할을 하였다. 영국 도레는 프랑스 고딕에 영향받았고, 기둥머리는 팔메트와 워터리프의 영국 지방의 것이다. 우묵한 잎에 새 트래포일이 벨 모양 기둥머리에 평평히 놓였다. 12세기 전반 수도원이 부르군디 퐁테네에 세워졌다. 퐁테네의 단순함은 시토회의 이상을 반영한다. 엄격한 라인과 거의 부재한 장식은 반 클뤼니 정신 질서이다. 십자 플랜 교회는 본당, 측면 통로, 투사하는 트랜셉트, 평평한 세벳, 바렐 볼트가 횡축 아치에 지탱된다. 기둥머리는 종종 조각으로 오직 기하 모티프다. 실내는 시토회 규칙을 구체화, 절대 필요성에 따라 건물 절감으로 선명, 위엄, 맑은 정신을 위해 허영을 거절한다. 시토회의 워터리프 사용은 아칸서스의 상징을 거부하는 것 같다.

논증 5. 장식고딕 잎 대치

고딕 예술은 더 들판으로 나아가 릴리와 로즈, 석류나무, 패션 플라워, 단풍과 트래포일을 꽃다발로 모았다(데이, 1977)[70].

장식고딕은 기하 혹은 곡선의 트래세리, 자연적 잎, 선과 형태의 파동치는 특징, 장식의 상세함으로 유명하다. 참나무, 바인, 단풍나

---

70 Gothic art went further a field, and gathered into its posy the lily and the rose, the pomegranate and the passion flower, the maple and the trefoil(Day, 1977).

무, 로즈, 아이비가 소개되며 섬세하게 조각되었다. 초기 고딕의 위풍과 건축술은 부족하나, 잎은 벨 주위에 부착, 자연의 적응으로 풍성하다. 참나무와 단풍의 자연적 잎이 파동을 치며, 해초와 다른 뒤얽힌 형태는 그 후 자연적 바인, 꽃들과 함께 양식화된 형태로 나타났다.

로마네스크의 고전 아칸서스와 그것의 비잔틴 개조 전통이 점차 고딕에서 사라졌다. 대신 12세기 후반 프랑스 예술가들은 눈을 일반 초목으로 돌리며 잎 형태의 새 범주로 발전시켰다. 양식화된 스티프리프의 한정된 자원이 예술 표현을 제지했기 때문이다. 그들은 자연, 들판의 꽃, 숲 잎의 표현에 이미 배운 공식에 만족하지 않고, 유일한 해결은 자연으로 다시 돌아감이다. 이 변화는 예술가의 길드 형성으로 한 장소에서 다른 장소로 수도원 전통에 방해 없이 움직임에도 따른다.

웅장한 잎 조각은 1300년경 영국 사우스웰 미니스터 챕터하우스의 입구 통로 기둥머리에 나타났다. 참나무, 홉, 바인, 아이비, 단풍나무, 미나리아재비 등 기둥의 전면 효과에 대칭을 얻고자 사실적으로 취급하였다. 사우스웰 잎 조각은 1270년경 프랑스, 아마도 독일에서 유래한 듯하다. 조용하고 순수한 장식이 종종 단풍나무와 아이비에서 발견된다. 장식고딕에서 새, 초목과 꽃 도입은 아칸서스가 상징이 아님을 제시하고, 그 사용이 점차적으로 사라짐도 증명한다.

사우스웰 미니스터의 잎 조각

논증 6. 우마이야 모스크에서 문화적 중대

이슬람 예술에서 비유적 형상 금지는 코란, 하디스, 이슬람법에서 발견된다[71]. 코란 그 자체는 이런 재현에 반대하는 공식 성명이 없다. 하나님의 유일한 전능은 이슬람의 특성이며 생물의 예술 재현은 우상숭배로 큰 죄이다. 이 적대적 태도는 하디스(선지자의 말씀) 혹은 전통들이다. 예루살렘 돔 어브 록이나 다마스쿠스 그랜드 모스크 모자이크에서 형상을 찾을 수 없는데, 이 탄언은 약 690년경부터 효력을 가졌다.

부크하르트(1976)는 말한다. 이슬람에는 읽을 수 있는 이야기의 재현적 상징 제도가 없다. 대신, 신성함의 개념을 드러내되, 신앙 이미지가 아니고 그 형태의 전체성이 이슬람 시각 예술을 특징짓고

---

71 저자가 쓴 『이슬람 캘리그라피』(2014), 『자바이슬람의 건축문화유산』(2015), 『이슬람 건축의 동양과 서양』(2016) 참조.

통합시킨다. 다른 종교와 달리, 이슬람은 추상, 형식으로 신성을 표현했으며, 이 추상 질서는 건축에서 신성하고 비종교 영역을 통합하는 초월과 형이상학 가치를 표현케 한다.

모슬렘과 기독교인 접촉은 전쟁과 무역을 통했다. 기독교 문화에 모슬렘의 태도는 경외, 존경, 경멸로, 기독교 예술의 웅장함에 인상받았으나, 종교와 국가 목적으로 형상을 전시하는 예술에 불쾌감과 분노를 느꼈다.

모스크는 모슬렘이 동등히 기도하는 장소이고, 교육 정치 제도와 전쟁과 동원의 통지 외, 법을 다스리는 곳이다. 초기 모스크는 옛 로마 유적지 혹은 비잔틴 교회로, 건설의 상세함을 모방하려 부분적으로 옛 재료를 사용하여 그 결과는 조잡하고 불완전한 이슬람 건축이었다.

코르도바 모스크의 스타일화 아칸서스 기둥머리

더하여, 아랍 건축가들은 기둥머리 장식에 적은 관심을 가졌는데, 이집트, 그리스, 로마가 남긴 풍부한 자원에 만족, 기둥머리들은 윤곽과 스타일의 다양함으로 기둥 열에 똑같지 않다. 벨 코린트 양식이 주로 모방되었고, 잎은 고대 아칸서스의 아름다운 윤곽을 잃었다. 볼루트는 무거웠고 초목과 꽃은 변덕스러운 장식으로 대체되고, 팔메트, 인터레이스가 그 위에 놓였다. 무엇보다 아랍인들은 자체 스타일로 미흐랍 기둥 장식에 신경 썼다. 모스크의 가장 신성한 숭배 장소로서 기독교 기둥머리를 재사용하는데 모순이 된다.

예루살렘의 첫 모스크 악사는 코린트 양식의 162 기둥들로 네 열에 놓였다. 6세기 건축가들은 삼각형 펜던티브로 천장 지붕을 지탱하는 방법을 창조, 상 소피아는 기독교 건축의 모델이 되었다. 일 세기 후 로마 제국 영토가 이슬람에 정복되면서, 모슬렘은 비잔틴에서 건축을 배웠다.

우마이야가 세운 돔 어브 록(692)은 비잔틴 모자이크, 폴리크롬 대리석 패널로 이슬람 건축이 초기 그리스 건축 예술가에게 의존했음을 암시한다. 팔각형 플랜은 콘스탄티노플 세르지우스-바쿠스(526~537)와 라벤나 상 비탈레에서 정교화된 형태이다. 돔 어브 록 실내는 기독교 시리아, 팔레스타인, 비잔틴 분위기로 기둥, 기둥머리, 벽 대리석은 콘스탄티노플 교회와 유사하고, 사치스러운 모자이크는 비잔틴 장식 언어이다. 스티에랭(1996)은 모슬렘 여행가 이븐 바투타의 구절을 인용했는데: "그런 아름다운 작업에 어떤 단어를 발견할 수 없다."

코린트 기둥머리는 바인 스크롤, 포도 다발, 팔메트, 솔방울의 꽃줄로 사치스러운 헬레니즘 예술을 회상, 팔미라 벨 신전의 도금된 청동 기둥머리, 사사니드의 스타일화 식물, 아카메니드와 아시리아 문장인 종려나무이다. 팔각 아케이드 기둥은 코린트와 콤포지트 양식이다.

다마스쿠스 그랜드 모스크는 주피터 다마세누스의 로마 신전에 건설, 이곳은 비잔틴 시대 성 요한 침례교회로 개정된 곳이다. 우마이야 칼리프 알 왈리드는 전 대지를 사들이고 교회를 제거했다. 모스크는 고전 바실리카 형태로, 기도실과 세 통로이며, 코린트 기둥머리 두 열의 큰 기둥으로 지탱되었다. 비잔틴 건축의 반영으로, 1865년 이곳을 방문한 찰스 윌슨 경은[72],

동쪽 반에 다양한 기둥머리가 있다: 남동 구석에 두 개는 아이오 닉… 그리고 많은 코린트로, 이들은 다른 건물들에서 가져와, 그 들이 서 있는 기둥들에는 너무 작다(크레스웰, 1968).

어쨌든, 이슬람 장식이 아칸서스를 사용함은 모티프 상징의 부재 를 증명한다.

---

72 In the eastern half there is a variety of capitals; two at the south-east corner are Ionic;… and many of the Corinthian capitals, which have been taken from other buildings, are too small for the columns on which they stand(Creswell, 1968).

결론

비트루비우스는 코린트 기둥머리의 근원을 『Ten Book on Architecture』에 전한다. 조각-금속공예가 칼리마쿠스는 코린트의 한 소녀 무덤을 지나면서 아칸서스 잎들로 가득 찬 바스켓을 보고 기둥머리를 창조하였다. 그리스 신화는 제시하기를, 가시와 바늘이 있는 식물은 무덤에 중요하고 신비한 힘을 소유한다. 이 장에서 아칸서스는 종교, 시기, 지역을 비교함으로써 그 미적 역할이 확인되었다. 이교도 그리스-로마 신전, 이집트 신전, 힌두-불교 인도, 중국 사찰, 중세 교회, 이슬람 모스크에서 아칸서스는 대부분 시각적 기쁨을 위해 사용되었다. 하나님의 존재를 승화하고 그의 영역을 미화하고 그와 신자의 가까운 관계로 초대한다.

06

사례 연구

모아삭 상 피에르 회랑

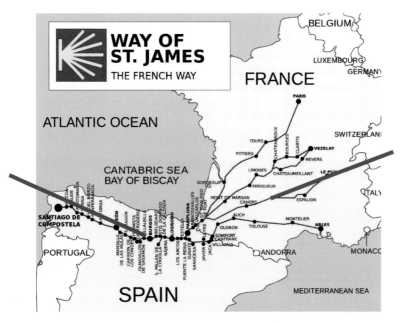

순례길의 모아삭(1100)과 산토 도밍고 데 실로스(1088)

산티아고 순례 길은 1993년 유네스코 세계유산지(UNESCO World Heritage Site)로 등록되었고, 피레네산맥의 프랑스 편에 위치한 모아삭 상 피에르는 로마네스크 팀파늄과 회랑 기둥머리로 유명하다. 전설에 의하면 프랑크 왕 클로비스가 세웠으나 역사는 7세기 카오르의 주교

---

* 다음의 사례 연구들은 저자가 중세연구, 지중해연구 등등 국제회의들에서 발표한 영어 논문들이다.

성 디디에르가 설립자로 알려졌다. 아프리카 무어족과 북구 바이킹 습격에도 10~12세기 수도원은 부르군디 베네딕도회 클뤼니와 같은 계열로 툴루즈 주교이며 모아삭 수도원장이 된 두란드 데 브래돈 아래 황금 시기를 가졌다.

1063년 새 교회가 봉헌되었고, 회랑 조각은 수도원장 앙스퀴틸 지시로 1100년 완성되었다. 15세기 모아삭은 둘째 황금 시기로 고딕 스타일이 더해졌다. 1626년 세속화로 오거스틴회로 대치되고 1789년 프랑스 혁명에 따른 약탈로 폐허가 되기 시작했다. 20세기 초에 들어서야 교회는 재건되었다.

특히, 모아삭 회랑은 기둥 열 아케이드와 통나무 지붕에 네 갤러리를 가진다. 단독 혹은 쌍의 76 기둥머리는 동식물, 기하와 형상 모티프로 이중 열을 가진 고전적 양식이나, 거친 코린트 스타일이 아니고 비잔틴의 레이스 같은 입방체 스타일이다. 대속, 타락, 카인과 아벨을 포함한 30 에피소드는 성경 장면, 성인, 순교자와 기적들을 포함한다. 기둥머리 형상은 상세하고 조화를 이루나, 역사적인 순서로 배열되지 않고 흩어졌으며, 어떤 장면은 다음 기둥에 연결되었다. 이러한 구성은 11세기 후반~12세기 초 로마네스크 회랑의 아이코노그래피 발전을 제시한다. 그리고 회랑의 다른 특성은 대리석 석관의 낮은 릴리프 조각으로 수도원장 두란드의 위치는 기독교 영생을 목적으로, 수도회 역할을 제시한다.

18개의 초목과 꽃 기둥머리

76 기둥머리 중에 18개는 초목과 꽃으로 이들이 상징 혹은 장식인
지의 기능 분석과 동반한 여러 모티프를 설명한다.

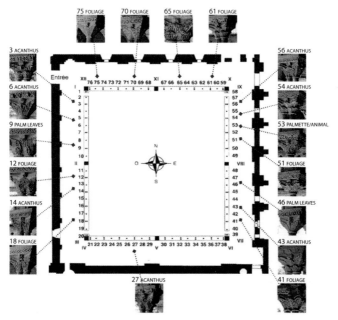

plan(Quitterie Cazes)+images(author)

WEST(서): W3N 아칸서스 / W6N 아칸서스 / W9N 스타일화 종려 / W12N 잎 / W14N 아칸서스 /
W18N 잎

SOUTH(남): S27W 아칸서스

EAST(동): E41S 잎 / E43S 아칸서스 / E46S 아칸서스 / E51S 잎 / E53S 동물 마스크와 잎 / E54S 아칸서스 / E56S 아칸서스

NORTH(북): N61E 잎과 사자 / N65E 잎 / N70E 모즈아랍 잎 / N75E 잎

기둥머리 3: *Chi Ro*가 담긴 자연 아칸서스 잎, 로제트, 비늘 패턴

 기둥머리 3은 두 열로 27/43/54/56과 유사하며 아칸서스 잎을 가진다. 안마당 측면의 기둥머리와 임포스트 사이 기독교 모노그램(X와 P)이 나타난다. 임포스트 블록: 에키누스 각 편에 큰 네 로제트, 아바쿠스는 기하 비늘 패턴의 장식이지만, 쿠퍼(1978)는 이것을 보호의 의미로 해석한다.

그라바는 『The Mediation of Ornament』(1992)에서 기하를 중재자로 제시했다. 모티프의 틀 잡기/채우기/연결 기능으로 세 유형이 존재한다. (i) 규칙 기하 패턴은 14세기 모자이크 타일과 스투코이다. (ii) 엄격하나 첫째 기하보다 정의하기 어렵다. 대부분 식물 모티프는 원형 유닛으로 에워싸여 규칙 윤곽을 만든다. (iii) 느슨하고 묶이지 않은 기하로 윤곽 패턴과 전반 디자인에 반복, 리듬을 가진 모티프다.

스페인 알람브라궁을 연구한 19세기 장식이론가 오웬 존스는 장식의 일반 원칙을 제안, "모든 오너멘트는 기하 건설에 기본을 두어야 한다(명제 8)[73]." 기하를 건축의 숨은 가치로서 모든 오너멘트가 기하로 이루어진다. 그리스 화병의 사행 모티프가 증명하듯 기하는 모든 예술에 응용되며, 이슬람 예술은 그리스와 로마 기하 패턴에 최고의 사용자이다. 이슬람 수피 학자는 주장하기를, 추상 기하 패턴이 신비를 연상, 그 반복이 창조자의 다양성을 계시하기 때문이다. 그라바는 이것을 부정한다.

---

73 All Ornament should be based upon a geometrical construction (Proposition 8).

기하는 가장 위험한 중재자이다. 그것은 한 관망자가 보고 무엇을 생각게 느끼고 어떻게 행동하도록 결정한다.... 예술 자유에 대한 형벌은 의미의 상실이다…. 단지 아름다움만을 의미한다[74].

복합을 상징하는 로즈는 천국의 완성과 지상의 열정이다. 꽃은 시간과 영원, 생과 지상, 생식과 처녀성이다. 시드는 로즈는 죽음과 슬픔을 재현, 그 가시는 고통, 피, 순교를 상징한다. 4 꽃잎은 우주에 사각 분할을 묘사, 5 꽃잎 소우주, 6 꽃잎 대우주이다. 로제트는 방사하는 꽃잎 디자인으로 스타일화되어 숫자로 상징이 다르다. 로제트와 교차하는 서클은 이집트에서 유행, 나중에 그리스와 로마 장식 레퍼토리가 되면서, 중세기 거의 모든 장식에 응용되었다.

기둥머리 6: 스타일화 아칸서스 잎, 과일 화환, 비늘 패턴

기둥머리는 똑바로 서고 스타일화의 큰 아칸서스 잎과 볼루트를 가진 종려 가지로 구성된다. 46과 같은 모티프다. 임포스트 블록: 에키누스는 세련된 과일 화환으로 식물 이름이 정확지 않고, 아바쿠스는 비닐 패턴을 전시한다. 화환은 헌신, 신성, 명예, 행운을 상징하여, 희생 동물이나 전쟁 포로의 희생과 연관시킨다. 과일은 불생, 본질, 절정을 재현, 인간의 첫 희생 과일은 그리스도이다. 지식의 나무 과일은 하나님에서 분리하는 타락이며, 생

---

74 Geometry is a most dangerous mediator. It forces one to look and to decide what to think, what to feel, and see how to act... The penalty of freedom in the art is the loss of meaning... It is meant only to be beautiful.

명나무 과일은 불생이다.

기둥머리 9: 스타일화 종려 잎, 팔메트 프리즈, 비늘 패턴

기둥머리는 똑바로 서고 스타일화된 잎이다. 잎은 기하 형태로 자유롭게 만들어졌는데, 카바노(1987)에 의하면, 11세기 후반 남서 프랑스 조각에서 발전한 디자인으로 오직 모아삭 회랑에 남아 있다. 임포스트 블록: 에키누스는 넓은 팔메트를 가지고 아바쿠스는 비늘 패턴 프리즈이다.

팔메트는 환희, 정당, 유명을 대표한다. 곧게 자라 축복과 승리도 의미할 수 있다. 기독교에서 팔메트는 종려나무처럼 정의로운 자이며, 불생, 신성 축복으로 불사조와 함께 묘사되었다. 예루살렘에 그리스도의 승리 입장과 죽음 후의 부활은 낙원과 연결한다. 어휘 "팔메트"는 종려나무에서 원천, 스타일화 대추야자로 디자인 발전에 공헌했다. 대칭적인 나선 볼루트과 부채 모양의 똑바른 종려의 다양함은 로마의 주요 장식으로 인정되었다.

기둥머리 12: 스타일화 아라베스크, 엮음

기둥머리는 아라베스크 스타일로 41/61/70/75와 그룹이다. 임포스트 블록: 에키누스는 세련되고 얽힌 엮음이며, 아바쿠스는 장식 없이 세 분할로 나뉜다.

아라베스크는 19세기 이슬람 오너멘트 특징으로 이슬람의 진보전에 동지중해에서 유래했다. 리글은 『Stilfragen』(1893/1992)에서 어휘 "arabesque"를 스타일화 식물로 제한, 아랍 정신과 영혼의 독창적 창조로 간주하였다. 특성은 특별한 식물 줄기의 기하화로 한 줄기에서 나뉘지 않고 한정 없이 자란다.

퀴넬(1949)에 있어, 아라베스크는 이슬람 예술에서 최고 예술 표명으로 그 순수 장식성을 강조했다. 두 미적 원칙은 (i) 리듬의 조화 있는 움직임, (ii) 전 표면을 채움이다. 수피학자 아달란과 박티아(1973)는 아라베스크가 자연을 통해 창조자의 우주 과정을 재창조한다. 리듬은 움직임을 반영, 시간을 명시, 무한을 상징하여 "낙원 정원" 개념을 영광화한다. 기하, 캘리그라피와 배합, 아라베스크는 통합과 다수의 조화를 제시한다.

기로쉐는 엮음, 인터레이스, 매듭, 꼼, 새끼로 신석기 도자기로 돌아간다. 바스켓 제조로 비틀고 엮은 섬유는 인간 최초 활동으로 다른 재료의 장식 패턴을 불러왔다. 윌슨(1994)은 기로쉐의 상징을 부정하나, 쿠퍼(1978)는 방적 실의 성질이 무한의 미스터리와 생의 풀기로 구성, 이 의견을 거절한다. 인터레이스도 시작과 끝이 없는 영원한 회귀이다. 매듭은 계속, 연결, 계약, 인간을 하늘의 뜻에 묶는 운명이며, 느슨한 매듭은 자유, 구제, 문제 해결이다. 수도원 문맥에서 세 매듭은 가난, 순결, 복종의 서원이다. 묶음 패턴은 전형적 로마 장식으로 나중 로마네스크에 채택되었다.

기둥머리 14: 스타일화 아칸서스 잎, 팔메트 프리즈, 비늘 패턴

 기둥머리는 이중 기둥 열을 덮은 큰 평평한 아칸서스 잎을 가진다. 6/46과 그룹이다. 임포스트 블록: 에키누스는 자연적인 아라베스크 프리즈이고 아바쿠스는 비늘 패턴으로 장식되었다.

기둥머리 18: 자연적 바인 텐드릴, 엮음, 비늘 패턴

65처럼 바인 텐드릴을 가진다. 임포스트 블록: 에키누스는 뒤얽힌 엮은 밴드이고, 아바쿠스는 비늘 패턴이다.

(남쪽 갤러리)

기둥머리 27: 자연적 아칸서스 잎, 사자, 비늘 패턴

기둥머리는 독특한 초목과 꽃의 장식이다. 아칸서스는 하나가 다른 것 위에 세 열로 일어선다. 임포스트 블록: 에키누스에 여덟 사자가 웅크리고 있다. 한 편에 각각 두 마리로 등과 앞을 자신의 꼬리로 묶는다. 아바쿠스는 비늘 패턴으로 덮었다.

해인즈 모르(1991)는, 중심에서 퍼져나오는 아칸서스는 고대 코린트 기둥머리로 중세기 불생의 모티프다. 동물과의 연관은 인간 영혼에 뿌리박혀 왔고, 동물은 충동의 원형으로 물질, 영혼, 우주 힘의 원칙을 상징한다. 여러 초기 문화는 이집트의 신들 머리처럼 동물로 구현하였다. 프루티거(1991)에 의하면 그리스도는 "하나님의 양"으로, 성령은 아래로 나는 비둘기로 부여했다. 사자는 선과 악을 둘 다 상징한다. 태양, 찬란과 권력, 정의, 동물 세계의 왕으로 잔인, 사나움, 정의, 전쟁 신의 속성이다. 기독교에서 사자는 그리스도 힘, 유다의 사자로서 왕의 성질, 기독교인을 구하는 힘이다. 사자가 눈뜬 채 잠자면 교회의 각성을 의미한다. 또 부활의 상징이다. 혼자 있는 동물로 은둔과 고독을 의미한다. 네 복음자 중의 마가(Mak the Evangelist) 문장으로 그의 복음이 그리스도의 왕권,

위엄을 뜻하기 때문이다. 사자 굴에 다니엘은 기독교인들에게 하나님의 대속이다.

(동쪽 갤러리)

기둥머리 41: 아라베스크, 나선 로제트, 비문

기둥머리의 묘사와 그 의미는 사피로 (1977)에 의해 설명되었다. 나선 모티프는 비잔틴-이슬람의 재생산 아라베스크로 중심이 두드러지며, 평행 서클은 회전과 동요를 생산한다.

나선은 고대 시기에 태양과 생의 기호이다. 그것의 일정한 회전은 모든 생의 맥박과 주기성을 상징하며, 중세 오너멘트에 이중 의미(장식/순서)를 가진다. 임포스트 블록: 에키누스는 스타일화 나선 로제트를 가지고, 아바쿠스에 비문은 시편(3, 54)으로, 통로(ABCDEFGHI)로 시작, 북쪽(KLMNOPQRSTVZA)과 안마당(NOMINE TUO SALVUM)[75]으로 계속, 마지막 남쪽(AXBVCT)으로 이끈다. 시작과 끝 글자는 교환하여 마침내 네 글자(MLYZ)가 통로 편에 있다. 알파벳은 하나님의 표명이다. 남쪽 글자는 논리적으로 A로 시작, Z 대신 X를 따른다. 모든 것을 이해한 그리스도로 라틴 X는 그리스어 *Chi*와 상통, 그리스도 이름의 시작 글자이다.

---

75 Save me, O my God! (Psalm 3:7). (New King James Version)

Save me, O God, by Your name (Psalm 54:1). (New King James Version)

기둥머리 43: 자연적 아칸서스 잎, 스타일화 잎, 비늘 패턴

기둥머리는 두 열로 아칸서스 잎을 가진다. 27의 쌍이다. 임포스트 블록: 에키누스는 더 넓은 잎 형태이고, 아바쿠스는 비늘 패턴의 두 열이다.

기둥머리 46: 스타일화 아칸서스 잎, 새를 가진 잎 나선, 비문

기둥머리 꽃받침은 네 큰 종려 잎을 에워싼다. 여러 상징으로 생, 낙원 승리, 신성, 특히 순교와 교회이다. 임포스트 블록: 에키누스는 새가 앉아 있는 잎이 많은 나선으로, 아바쿠스는 비늘 패턴의 두 열이다. 새는 승화, 영혼, 신성한 표명, 죽은 자의 혼, 신들과 소통하거나 의식의 높은 상태로 들어가는 능력을 대표한다. 큰 새는 천둥과 바람의 신으로 식별된다. 새는 나무 상징의 특징이기도 하다. 신성한 힘이 나무 혹은 그 상징인 기둥에 앉는다. 따라서 기둥에 한 새는 정신과 물질 결합이다. 기독교에서 날개 가진 영혼, 영적, 낙원 영혼이다.

기둥머리 51: 솔방울과 자연적 바인 잎, 마가리타 로제트, 비늘 패턴

기둥머리는 순수한 식물로 회랑에서 제일 아름답다. 바인 텐드릴이 기둥머리를 에워싸고 솔방울이 각 편 중심에서 상승한다. 임포스트 블록: 에키누스는 41과 비슷, 식물학상 마가리타 꽃 같다. 아바쿠스는 두 단계로 비늘 패턴이다. 흥미 있게 기

둥머리는 식물 모티프나, 임포스트 블록은 꽃이다. 이 경우, 꽃과 열매의 배합으로 나무 왕관이 천상을 가리키는 아이디어이다. 기둥은 고대 이후 나무로 이해되어, 나무는 자주 성경에 언급, 마태복음 (3:10)[76]에 나무는 선한 자와 죄진 자의 암시이다.

요한네스(계시록 22:2)[77] 비전에 잎과 과일은 생의 상징들이다. 바인은 생산력, 생명나무, 지식의 나무이다. 요한복음(15:5)에 그리스도는 진정한 바인이고 그의 제자들은 그의 가지들이다[78]. 바인은 교회와 신자이다. 가지에서 쉬고 있는 비둘기와 함께 생명나무로서 묘사, 영혼의 열매 맺음과 그리스도 안에서 쉬는 영혼들이다. 무화과와 평화와 풍요를 내포한다. 여기서 솔방울은 죽음에서 상승과 불생을 뜻한다.

---

76 And even now the ax is laid to the root of the trees. Therefore every tree which does not bear good fruit is cut down and thrown into the fire (New King James Version).
   이미 도끼가 나무뿌리에 놓였으니 좋은 열매 맺지 아니하는 나무마다 찍어 불에 던지우리라 (New International Version).

77 "In the middle of its street, and on either side of the river, 'was' the tree of life, which bore twelve fruits, each 'tree' yielding its fruit every month. The leaves of the tree 'were' for the healing of the nations" (New King James Version).
   길 가운데로 흐르더라 강 좌우에 생명나무가 있어 열 두 가지 열매를 맺히되 달마다 그 실과를 맺히고 그 나무 잎사귀들은 만국을 소성하기 위하여 있더라(New Interanational Version).

78 I am the vine, you are the branches (New King James Version).
   나는 포도나무요 너희는 가지니 (New International Version).

기둥머리 53: 사자 마스크와 자연적 종려 잎, 사자와 그리핀, 비늘 패턴

기둥머리는 얽힌 종려 잎으로 에워싸였다. 볼루트에 네 사자 머리가 있고, 그 마스크들은 얽힌 잎들과 닮았다. 큰 사자 머리와 입은 기둥머리 중간에 있다. 악마 특질을 상징, 포탈 투르모의 것과 상응한다. 비뚤어진 입은 이를 드러내고 익살스럽게 웃는 것 같다. 이런 사자 유형은 12세기 가스콘느 조각에 나타나 지방 특징으로 보이는데, 카바노(1978)에 의하면 툴루즈 상 세베르 회랑이 한 예이다.

임포스트 블록은 완전 다르다. 에키누스의 긴 편은 그리핀에 공격당한 한 쌍의 사자이다. 여기서 먹이 동물은 억압과 복종의 역할이다. 짧은 편에 두 그리핀이 한 새를 물고 있다. 그리핀은 두 성질의 결합 혹은 양성으로 반은 사자, 반은 독수리이다. 두려움을 일으키는 그리핀은 힘, 아량, 지식을 상징한다. 독수리는 그의 눈을 태양으로 태우고 힘을 회복하려 샘으로 잠수하는, 영혼 갱신의 의미이다. 아바쿠스는 비늘 패턴으로 고쳤다.

기둥머리 56: 스타일화 아칸서스 잎, 팔메트 프리즈

이중 기둥머리는 큰 평평한 아칸서스 잎으로, 더 작은 잎의 두세 열에서 오르는 27/43/54와 다르다. 임포스트 블록: 에키누스는 잎이 많은 팔메트 프리즈로 다른 예와 비슷하다. 아바쿠스는 장식 부재로 두 분할이 있다.

기둥머리 56: 자연적 아칸서스 잎, 팔메트 프리즈

기둥머리는 세 열로 더 넓은 아칸서스 잎이다. 27/43과 그룹이다. 임포스트 블록: 에키누스는 잎이 많은 팔메트로, 아바쿠스는 장식 없이 이중 단계로 고친 것 같다.

(북쪽 갤러리)

기둥머리 61: 아라베스크, 염소와 사자

기둥머리는 두 열로 아라베스크 잎이다. 이슬람 예술에서 기둥머리 12와 연결한다. 임포스트 블록: 에키누스는 짧은 편에 두 마리 염소가 있고, 긴 편에 한 쌍의 사자가 있다. 아바쿠스는 세 분할로 나뉜다. 염소는 남성, 활력, 창조 에너지를 상징한다. 높은 장소에서 생활은 우월성을 의미한다. 기독교에서 악마, 저주받음, 죄인과 정욕이다. 남의 죄를 대신 지는 사람은 세계의 죄를 짐 진 그리스도이다.

기둥머리 65: 자연적 바인 텐드릴, 수사슴과 말

51처럼 뒤얽힌 바인 텐드릴이다. 통로-안마당의 짧은 편에 두 마리 새는 아마도 거위로 목으로 서로 매달렸다. 긴 편에 수사슴과 말 탄 인물이 보인다. 새는 영혼의 은유이다. 기독교에서 조심, 섭리, 투르의 상 마탱 문장이다. 수사슴은 자주 생명

나무와 함께 묘사되는데 로마네스크 예술에서 그리스도의 은유로, 성 유스타키우스와 후베르투스의 전설에 따른다.

거위는 호흡, 바램, 사랑, 한편 말은 생과 죽음을 상징한다. 화이트, 골든 말은 태양신과 이륜 전차를 끈다. 지성, 이치, 고결, 힘, 생각의 신속, 생을 상징하며 신성의 마술이다. 기독교에서 태양, 용기, 관대함이다. 말의 다양한 의미는 영혼의 말 탄 자로 종말론과 연상된다. 그 모호한 성명에도, 로마네스크 예술은 반대 은유를 만들어 동물은 부정적 특질도 소유한다. 거위는 잡담, 말은 악덕, 수사슴은 올바른 추적 동물 구현화이다. 아바쿠스는 새끼 패턴을 에워싼다.

기둥머리 70: 모즈아랍 아라베스크, 잎 스크롤, 쿠픽 문자

이중 기둥머리는 41/61과 그룹으로 비잔틴-이슬람 잎을 가진다. 임포스트 블록: 에키누스는 평평한 잎의 나선 밴드로 덮였다. 아바쿠스는 조그만 수직 획을 반복하는 특수한 오너멘트인 아랍 쿠픽 문자이다. 문자 전시는 프랑스 로마네스크 회랑 기둥머리에 유일하다. 라틴 번역에 하나님(알라) 부름이 반복되었다. 남(HLLA-HAL), 동(HLLAHLLA), 서(HLLAALLH), 북(LLAALLH)으로 반복된다.

이슬람 캘리그라피에 쿠픽은 미적인 힘과 상징 수단으로, 하나님 말씀이 신성한 코란에 기록되었기 때문이다. 두 주요 스타일로 직선, 각이 진 장식 쿠픽(kufic)과 일상 필기용 나식(naskh)이다. 캘리그라피는 수학적 계산으로 "선의 기하"로 부른다. 영혼 기하는 캘리그라피 구조와 이슬람 예술 본질을 둘 다 의미한다. 하나님 현존의 인식과 그의 창조 목적에 수피의 믿음은 캘리그라피 예술에서 상징 형태로 예증하였다.

기둥머리 75: 모즈아랍 아라베스크, 잎 많은 스크롤, 셰브런

 기둥머리는 41/61/70처럼 모즈아랍 오너멘트다. 임포스트 블록: 에키누스는 쌍의 잎으로, 아바쿠스는 셰브런이다. 생명나무로 셰브런의 스타일화는 생식의 상징 같다. 삼각(셰브런)은 우주(천국/지상/인간, 아버지/어머니/자식, 신체/영혼/정신, 미스터리 숫자 3)이다. 정삼각은 완성, 위로 향한 삼각은 생, 불, 남성적 영적 세계, 사랑/진리/지혜, 왕권의 찬란이다. 기독교에서 삼위일체와 세 개의 평등이다.

모즈아랍은 모슬렘이 점령한 이베리아반도 안달루스에서 살던 기독교인들로 종교와 사법 자치를 다소 보호받았다. 어휘 "모즈아랍"은 9세기 끝~11세기 초 기독교 영역에 만들어진 건축 형태와 관련된 예술이다. 모즈아랍 공동체는 종교 실습을 위해 옛 비지고딕 교회를 유지했다. 약간의 종교 관용에도 새 교회를 짓는 권한은 한정되었고, 짓는다면 지방 교회였다.

18개의 초목과 꽃 기둥머리 비교

N	G	C	M	R	S	A	I		Gr	In	Me
							E	A			
3	서	쌍	아칸	2	자연	XP	로제트	비늘	27/43/54	로마	심미, 상징
6	서	-	아칸	1	스타	-	과일	비늘	14/46/56	로마	심미, 상징
9	서	쌍	종려	1	스타	-	팔메트	비늘	-	로마	상징
12	서	쌍	아라	2	스타	-	엮음	-	41/61/70/75	비잔/이슬	심미
14	서	쌍	아라	1	스타	-	팔메트	비늘	6/46/56	로마	심미
18	서	쌍	바인	1	자연	-	엮음	비늘	51/65	로마	상징
27	남	쌍	아칸	2	자연	-	사자	비늘	3/43/54	로마	심미, 상징
41	동	쌍	아라	1	스타	-	로제트	비문	12/61/70/75	모즈	심미
43	동	쌍	아칸	2	자연	-	잎	비늘	3/27/54	로마	심미
46	동	-	아칸	1	스타	-	잎/나선	비늘	6/14/56	로마	상징
51	동	-	바인	1	자연	솔방	로제트	비늘	18/65	비잔	상징
53	동	-	종려	1	자연	사자	사자/그리핀	비늘	-	로마	상징
54	동	쌍	아칸	1	자연	-	팔메트	-	3/27/43	로마	심미
56	동	쌍	아칸	1	스타	-	팔메트	비늘	6/14/46	로마	심미
61	북	쌍	아라	2	스타	-	염소/사자	-	12/41/70/75	로마	심미, 상징
65	북	쌍	바인	2	자연	-	사슴/말	엮음	18/51	로마	상징
70	북	쌍	아라	2	스타	-	잎/나선	비문	12/41/61/75	모즈	심미
75	북	-	아라	1	스타	-	잎/나선	세브런	12/41/61/70	모즈	심미, 상징

N(숫자) G(갤러리) C(기둥 유형) M(모티프) R(열) I(임포스트)/E(에키누스)/A(아바쿠스), Gr(그룹) In(영향) Me(의미) 아칸(아칸서스) 아라(아라베스크) 자연(자연적) 스타(스타일화) 솔방(솔방울) 비잔(비잔틴) 모즈(모즈아랍)

18 기둥머리 위치에서 7개 동 갤러리, 6개 서쪽, 4개 북쪽, 1개는 남쪽에 위치한다. 기둥 유형에 13개 이중, 5개 단독이다. 초목과 꽃 모티프 중 8 아칸서스, 7 아라베스크, 3 바인 텐드롤, 2 종려나무 잎이다. 11 기둥머리는 두 열의 잎, 7개 한 열이다. 에키누스에서 12 잎, 5 동물, 2 기하가 나타났다. 아바쿠스에 12 기하, 2 비문, 4 장식 부재이다. 기둥머리는 14 고전 로마, 4 비잔틴—이슬람 혹은 모즈아랍이다. 심미—상징 기능에 5, 심미 7, 상징 6이다. 12 팔메트와 기하를 가진 자연적 아칸서스의 단독 열이 인기이다. 동 갤러리의 이중 기둥에서 발견된다.

결론: 지식의 나무에서 생명나무

교회는 그것이 세워진 터에 그 자체의 신성함으로 스타일을 창조, 종교의식, 축하 혹은 순교를 위한다. 그리고 회랑은 다중의 의미에 뚜렷한 형태를 가진다. (i) 세속에서 하나님이 사는 낙원으로 돌아오기 위한 신성한 세계의 은유로 변화해가는 통로이다. (ii) 천상과 지상을 결합하면서 기둥, 즉 세계 축을 가진다. 기둥은 나무 상징에서 같은 생명나무다.

생명나무와 지식의 나무는 하나님 낙원에서 자란다. 생명나무는 중심에 위치하며 재건과 완전의 원시 상태로 돌아오며, 지식의 나무는 낙원에서 첫 인간의 타락에 죽음과 부활로 마련된 선악의 지식을 가진다. 12 과일을 가진 생명나무는 한 순환의 시작과 끝이다. 나무와 꽃처럼 식물은 죽음과 부활, 생의 순환을 대표한다.

이런 점에서 모아삭 상 피에르 회랑은 그 자체의 역사로 통로 교차에 서 있었고 서 있으며 서 있을 것이다. 이 교차점은 강력한 장소와 미로의 터로 인간 영혼이 한 상태에서 다른 상태로 생명나무와 지식의 나무의 힘으로 전화하는 곳이다. 아마도 조각가는 회랑을 통해 움직이는 각자 영혼에 이 관계를 고려했음이 틀림없다.

분기하거나 혹은 방사 형태, 그리고 융통성 있고 민감한 아칸서스는 지역 조직의 완전한 기구를 제공한다. 더하여 살아 있는 조직으로 변한 라인의 생기는 장식의 습성과 옛 이후 밀접히 관련된 꽃과 그린의 즐거운 연상이다(곰브리치, 1979)[79].

---

79 The forms of branching or radiating - and combine them in so flexible and sensitive a way that it [acanthus] offers the perfect instrument of the organization of areas. Moreover, the

이 연구는 여러 형태 아칸서스의 아름다움과 의미를 드러낸다. 자연적 혹은 스타일화, 단독 혹은 이중 기둥, 다른 모티프와 함께 혹은 혼자 나타나든이다. 아칸서스는 창조적 조각가의 변태에서 바인, 종려나무 잎, 심지어 이슬람 아라베스크가 되었다.

왜 그런가?

그 이유는 갈망하는 각자의 영혼은 모아삭 상 피에르 회랑의 여러 통로, 기둥, 나무와 식물을 알고 있었기 때문이다. 지상에서 하나님이 기다리고 있는 천국 낙원에 최상의 통과지임을….

---

animation of the line which turns it into a lively organic motif offers many pleasant associations with flowers and greenery so closely linked since time immemorial with the habit of decoration(Gombrich, 1979).

모아삭(1100)과 실로스(1088) 회랑 비교

킹슬리 포터(1923)는 모아삭 수도원의 몇 기둥머리가 산토 도밍고데 실로스 장식에 특색을 가함을 주장했다. 로마네스크 조각 기둥머리는 스테레오 타입으로, 계층화에 따라 역사, 형상, 장식, 코린트 양식으로 순서가 계열화된다. 그러나 두 회랑의 정교한 조각, 유연한 윤곽과 완벽한 대칭이 12세기 후반 순례 길의 혁신을 제시한다. 각 기둥머리는 동물, 잎과 추상 디자인으로, 이슬람 영향을 포함하고 수정을 통해 두 회랑 모티프의 유사성을 조사케끔 한다.

20세기로 접어들며, 학자들은 실로스 건물 역사를 결정하는 데 여러 날짜를 제안했다. (i) 수도원 코덱스 페이지 가장자리의 메모는 교회가 1088년 봉헌됨을 기록, (ii) 회랑의 한 기둥머리 아바쿠스에 새겨진 비문은 수도원장 도미니크(1040~1073) 무덤의 본 위치를 제시, (iii) 다른 텍스트는 1158년 회랑의 건축을 언급, (iv) Vita Dominici(c. 1100)는 회랑 건물과 거의 일치하는 텍스트로써 모슬렘 노예 현존을 언급하는 문구를 포함한다. 노예 노동자들은 조각가로 그들 현존이 회랑 조각에 이슬람의 영향을 설명하는 것으로 제시되었다[80].

따라서, 두 회랑의 비교 연구에 시각성, 인식, 기억, 문서들 부재, 무형 가치, 학제 간의 접근, 역사 혹은 현대 견해가 첨부되어야 한

---

80 Jose Luis Senra의 기사, "Between Rupture and Continuity: Romanesque Sculpture at the Monastery of Santo Domingo de Silos."

다. 다음은 산토 도밍고 데 실로스 회랑에 나타나는 기하, 초목과 꽃 기둥머리이다.

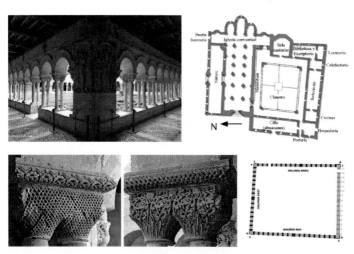

E1 바스켓 엮음, E12. 잎 모양의 아라베스크

N16 잎 아라베스크, N19 아칸서스와 솔방울, N21 아칸서스, N24 아칸서스와 솔방울, N25 아칸서스,
N27 아칸서스와 사과, N28 아칸서스, N29 아칸서스와 솔방울

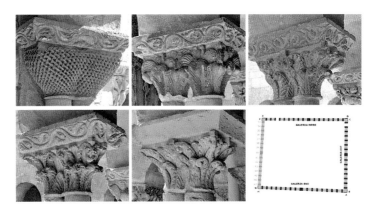

W33 바스켓 엮음, W37 아칸서스와 솔방울, W42 아칸서스 잎, W44 아칸서스 잎, W46 아칸서스 잎

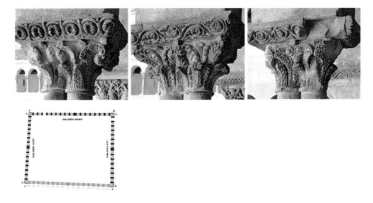

S49 고사리, S51 아칸서스 잎, S59 고사리

(첫째 워크숍)

동쪽 기둥머리 15: 기하 1, 동물 12(플라밍고, 사자, 독수리, 새, 가젤, 하피), 인간 1.
북쪽 기둥머리 17: 식물 8, 동물 8(플라밍고, 사자, 독수리, 새, 하피), 신성에 관한 것 1
(잃어버림).

서쪽 기둥머리 15: 기하 1, 식물 4, 동물 7(플라밍고, 사자, 새, 하피, 개, 그리핀), 생명 나무 1, 신성에 관한 것 2.
남쪽 기둥머리 17: 식물 3, 동물 10(새, 용, 순록, 켄타우로스, 하피, 매, 그리핀 등등), 인간 1, 꼬마 마귀 1, 생명나무1, 잃어버림 1.

두 회랑 비교 결과

모아삭은 76 기둥머리에 동식물, 역사 형상이 담겨 있고, 실로스는 64 기둥머리에 마찬가지의 모티프가 있다. 두 회랑의 유사점은 로마네스크 스타일이나, 상이점은 (i) 스타일에 이차원-삼차원적 오너멘트의 움직임과 위치이다. (ii) 주제에 모아삭은 더 많은 역사와 식물 기둥을, 실로스에는 모즈아랍과 토끼, 개 등 이국 동물이 있다. (iii) 외부 영향에서 실로스는 비지고딕, 이슬람, 모즈아랍, 지방 전통을 가지고, 모아삭은 비지고딕 영향이 없다. 즉, 스페인 로마네스크는 비지고딕, 이슬람, 모즈아랍과 지방성에 기초 둔다. 아마 기독교 통치 아래 일하던 모슬렘 무데하르(Mudejar) 예술가들은 이슬람 영토 안달루스에서 가져온 그들의 기억과 상상을 이곳에서 사용했을 것이다. 그렇지 않으면, 수도원의 모슬렘 노예, 수도원 도서관의 마뉴스크립, 상아 조각품, 혹은 순례 길의 실로스 가까운 로마네스크 교회들의 영향일 수 있다.

Symbolic and Aesthetic Hierarchy of the Arab-Norman Monreale Cloister Capitals

Abstract

The Arab-Norman building during the Norman domination (1071-1194) constitutes universal coexistence and interaction between heterogeneous historical, cultural and geographical provenance. This phenomenon generated an original architectural style of fusion between Byzantine, Islamic and Romanesque elements without losing its unique, yet unified combinations of the highest artistic value. This cultural syncretism had acquired an exceptional power in architectural ornamentation, testified in the Monreale cathedral and its cloister capitals (c. 1174). Particularly on carved columns, decorative floral/fauna motifs and the historiated scenes are originated from various artistic traditions and cultural heritages alongside.

Regarding Romanesque architecture in France, Baltrusaitis (1931) claims a hierarchy of power in the church ornamentation. How about the different types of Monreale cloister capitals? Probably from a historical architectural viewpoint, the theory of Baltrusaitis could be accepted, but I would like to argue that in our perceptive mind, it is the perception through elements of design and principles, such as colours, shapes, forms, lines, textures, etc., which decides the hierarchy "at first", because our brain judges whether church motifs are symbolic to our mind or aesthetic to our eyes or both.

Challenging to this, my paper investigates Monreale cloister capitals from two views: (i) Baltrusaitis' hierarchical theory and (ii) hierarchical shapes through elements of design and its principles, thus the result can shed a new light on our interpreting the role of architectural ornamentation, particularly syncretic Romanesque ones which speak the message of the God, as well as the beauty, according to the Islamic tradition. In order to do so, a short introduction of the cathedral of Monreale is worth mentioning.

The Cathedral of Monreale

The cathedral of Monreale preserves the largest as well as the most remarkable group of sculptures to be survived from the period of Norman domination over Sicily and southern Italy. Located a few miles from Palermo on the slope of a rugged hill, it overlooks a fertile valley with the Mediterranean shores. The collection of buildings was erected at the behest of King William II between 1172 and 1189 as a royal and monastic cathedral, destined to be a dynastic mausoleum and the seat of a powerful archbishopric, rivalling that of Palermo.

Consequently, each artistic aspect of the structure was designed to express the ambition of the Norman Hauteville dynasty and the greatness of the new creation. Architects, sculptors and mosaicists from a wide range of different, often distant regions shared their artistic skills to erect a sanctuary to the glory of God, as well as the power of the sovereign and patron.

The architectural style refers to a Romanesque tradition; the capitals in the cloister recall Provencal sculpture, while the mosaics compete with the golden Byzantium. The Cathedral follows the typical Romanesque planning and is characterised by the imposing Byzantine mosaic decoration of its interior. The exterior is dominated by the quasi-Islamic motif of interlaced arches, and the cloister of the Benedictine convent exhibits a profusion and variety of forms, techniques and decorative motifs derived from various models.

Of this tolerant fusion, Vladimir P. Goss [1986] expresses:

Norman conquerors sought the fulfilment of a need for optic and textural beauty in architectural form, which was not too dissimilar to their Arab subjects in Sicily and their friends, enemies, or tributaries in neighbours. They could exploit all three Mediterranean currents – Romanesque, Islamic and Byzantine. The building is a statement of how the Norman ruler wanted to picture himself: the master of what was best in all the three worlds.

Monreale cathedral and cloister

Particularly, the cloister adjoining the south side was built at the same time as the cathedral. Its plan is a perfect square, measuring 47 m on each side, enclosing a covered walkway. Composing of 228 double columns supporting Islamic styled arches, all are paired and are usually carved with Romanesque figurative carvings from a single block. At each corner of the cloister, the pairs are doubled, making a quadrilobed capital.

Several sources were simultaneously used for decorative motifs and the historiated scenes on carved capitals. They are Biblical figures, related to the Byzantine iconographic tradition seen in the mosaics of Monreale and Cefalu, mythological scenes, quasi-heraldic elements, Arab warriors and Norman knights, floral motifs and fauna. The different traditions of Romanesque, Islamic and Byzantine were not synthesized but exist side by side in the successive capitals.

The craftsmen who worked in the cloister came from all over southern Italy. Roberto Salvini, the author of the only monograph devoted to the cloister of Monreale, distinguishes five masters, aided by unnamed assistants. The stylistic differences propose the participation of many workshops, but the origin of the sculptors remains controversial, and various regions have been advanced in the historiography, including Campania, Emilia-Romagna, Provence, Burgundy and the Ile-de-France. Even more, Gandolfo formulated the hypothesis of two successive workshops: the first would be local and derived from the cloister work site of Cefalu, and the second of Salernitan origin, working on a small ambo of the cathedral in Salerno.

Shapes and Perception

The word "shape" was derived from Old English gescep (a creation), and definitions of shapes are (i) the characteristic surface configuration of a thing; an outline or contour, and (ii) something distinguished from its surroundings by its outline. Shapes provide recognition, identification, and categorization for specific figures and forms, and primary shapes of the circle, the triangle, and the square are the most significant.

Moreover, the basic principle of Gestalt perception is the law of prägnanz (pithiness). We tend to order our experience in a manner that is regular, orderly, symmetrical, and simple. Called the "Law of Simplicity", the whole of an object is more important than its individual parts. We interpret actively what we see, depending on what we are expecting to see. Gestalt psychology encourages people to 'think outside of the box' and look for patterns, founded by Max

Wertheimer's "Experimental Studies of the Perception of Movement" in 1912.

(i) The Law of Proximity implies the relative closeness of units in which they are seen together as a new entity. (ii) The Law of Similarity states that elements within an assortment of objects are perceptually grouped together if they are similar to each other. (iii) The Law of Continuance refers to the trend of similarities to changes of attributes. (4) The Law of Closure deals with our perceptual tendency to group certain visual elements together in order to establish one simple larger form.

Hierarchy in Four Types, according to Baltrusaitis (1931) in the Monreale

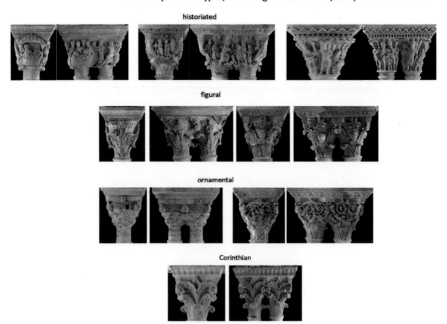

A Hierarchy of Motifs

Regarding the capital sculptures, as mentioned in the beginning, Jurgis Baltrusaitis in his thesis, "Les Chapiteaux de Sant Cugat del Valles" (1931), held an opinion that the sculptors in the cloister of this Benedictine Romanesque church (founded 9C, built until 14C) had a hierarchy of power in the capital ornamentation. Historiated capitals as first, then figural, ornamental, finally Corinthian capitals follow.

So, if Baltrusaitis' theory is applied to the Monreale cloister, only 16 capitals of the 109 pairs are historiated, suggesting no strong evidence in the first hierarchical capital, due to their small number in relation to the total ones. The next is the figural capitals, and the cloister had interestingly the Islamic influence. According to the Islamic art attitude, *hadith*, the Sayings of the Prophet, is hostile to living images, quoting the Koran 59:24, which says "God is only the Creator (*Musawwir*)". So, if we take this view, we need to move the hierarchical order from figural to ornamental or Corinthian capitals. In fact, this can be verified, based on earlier researches.

By far the majority of the capitals have purely decorative elements···the human figure, in repose or action, in a non-symbolic way. The overall effect of the cloister sculptures is thus one of ornate plastic decoration.

Moreover, Sulamith Brodbeck's paper on "Monreale from its origin to the end of the Middle Ages (2013)" underlined the beauty as the most powerful function in the Monreale cathedral.

Nonetheless, it remains a hazardous business to seek to attach each of these forms of artistic expression to a single tradition or to a specific provenance, hence the richness and complexity of this monument which···has so captivated historians of art.

Therefore, at this point, the cloister capitals could be intended for the visual pleasure, rather than symbolic significance. Whatsoever, leaving this argument aside, the second approach is our perception to the 109 pairs, particularly about their shapes as an analysis indicator, because this result can change the order of hierarchy, regardless of Baltrusaitis' argument or other researches.

As mentioned in the beginning, design elements and its principles are the basic components of visual art and architecture, discussed since antiquity. The 19th-century ornament theoretician, Owen Jones put forward geometry as general principles for decoration. In his 『Grammar of Ornament』, he says: "All ornament should be based upon a geometrical construction", praising Alhambra, a masterpiece of Islamic art in the Nasrid Granada.

Theoretically, the elements are arranged to produce order in the composition, supported by the principles which stimulate a feeling of pleasure or happiness in our brain. And careful ornamentation has the power to decide whether symbolic of our mind or aesthetic to our eyes or both.

Conclusion

Earlier, Baltrusaitis claimed that Sant Cugat des Valles' sculptors played a hierarchical power in ornamentation: Historiated, figural, ornamental, Corinthian capitals in a row. Nevertheless, according to the assessment by the perception, many different shapes are shown in these cloister capitals, calling for questions: (i) which shape is the most favourite in general? Is it a circular or triangular or square one? (ii) Are there any representative shapes which stand for every four capitals in Monreale? (iii) Are many small circular shapes in the historiated capitals perceived more powerfully than big triangular and square ones in the Corinthian?

Having argued this, the next is the theory of Baltrusaitis, namely, we should take historiated first, because of its symbolic value. But to our mind and eyes, big shapes are more powerful. Therefore, in my view, we have to follow our perception first, then our religious background and cultural associations in a row. In this regard, it is worth mentioning St. Bernard of Clairvaux, the primary voice of the Cistercian order who opposed to mythical creatures on the capitals with suspicion, in his *Apologia* (1124) to Abbot William of St.-Thierry, attacking against the Cluniac order.

But in the cloister···what profit is there in those ridiculous monsters, in the marvellous and deformed comeliness, that comely deformity?···we are more tempted to read in the marble than in our books, and to spend the whole day in wondering at these things rather than in meditating the law of God.

I wonder whether St. Bernard had a certain idea of the perception theory already in the medieval times as the most influential tools for believers to close nearer to God. Although each cloister has its own definition of hierarchical ornaments, the Monreale complex, built about 50 years later after *Apologia*, were eager to demonstrate Norman King William II's royalty, his monasticism, dynasty, and power under the cultural fusion above all. Then, could all shapes of the Monreale capitals contribute to the glory of God? Were those shapes powerful to invoke the believer's minds and eyes? It is a very personal approach.

A theory says that the circle stands for the Spirit of God, the fullness, from which all revelation evolves, embracing all creation. From the circle, the triangle evolves, meaning the divine spirit in its threefold revelation as Father, Son and Holy Spirit. From the Holy Spirit evolves the "square of the building", the embodiment of the divine idea within the substance. Circle, triangle and square together are a universal symbol for the divine creation, in its perfect manifestation of spirit (circle), soul (triangle) and body (square).

It can be said that our changing perception decides the most powerful of objects, touching our sensitive feelings towards them. It is inter-perception in the empathic process, and our perception of beauty is said to be more powerful than our understanding of symbolism. In other words, to medieval educated clergies or uneducated people, the role of the Romanesque capitals for a deductive purpose is less than visual pleasure. It is the contribution of different shapes to Norman capital sculptures, to where Islamic aesthetic was added. In short, shapes fabricate the hierarchical power in architectural ornamentation, enhancing our engagement to the Romanesque capitals in Monreale, Sicily.

References

Ahmad, Aziz. A History of Islamic Sicily. Edinburgh: Edinburgh University Press, 1975.

Baltrusaitis, Jurgis. Les Chapiteaux de Sant Cugat del Valles. Leroux: Paris, 1931.

Brodbeck, Sulamith "Monreale from Its Origin to the End of the Middle Ages," in A Companion to Medieval Palermo. The History of a Mediterranean City from 600 to 1500. Edited by Anneliese Nef. Leiden-Boston: Brill, 2013.

Cristiani, Léon. St. Bernard of Clairvaux, 1090-1153. Translated by Bouchard, M. Angeline. Boston: Pauline Books & Media, 1977.

Daniel, N. The Arabs and Medieval Europe. London: Longmans, Beirut: Librairie du Liban, 1975.

Gabrieli, Francesco. "Islam in the Mediterranean World," in The Legacy of Islam, edited by J. Schacht with C.E. Bosworth, 2nd edition. Oxford: Oxford University Press, 1974.

Goss, Vladimir P. The Meeting of Two Worlds: Cultural Exchange between East and West during the Period of the Crusades. Kalamazoo: Medieval Institute Publications, 1986.

Hillenbrand, Robert. Islamic Art and Architecture. London: Thames and Hudson, 1999.

Miranda, A. H. "The Iberian Peninsula and Sicily," in The Cambridge History of Islam, vol 2, edited by P. M. Holt. A.K.S. Lambton & B. Lewis, Cambridge University Press, 1970.

Salvini, Roberto. The Cloister of Monreale and Romanesque Sculpture in Sicily. Translated from the Italian by L. Valdes and R.

George. Palermo: Flaccovio, 1962.

Waern, C., Medieval Sicily: Aspects of Life and Art in the Middle Ages. London: Duckworth and Co, 1910.

UNESCO Sicily Heritage Foundation, Arab-Norman Palermo and the Cathedral Churches of Monreale and Cefalu World Heritage. 2015.

부록

용어 설명

아칸서스(acanthus): 지중해에서 자라는 톱니 모양의 잎으로, 코린트 기둥머리에 처음 나타났으며 유럽 문화에서 최고 인기 장식 모티프다. 그리스 아칸서스 스피노수스는 가시가 있고 로마 아칸서스 몰리스는 부드러운 잎이다.

안테미온(anthemion): 양식화된 모티프로 인동 덩굴 꽃과 잎이다. 스크롤과 합류한 밴드에서 단독 오너멘트로 나타난다. 솔방울과 겸비하여 신성 나무를 장식한다. 고전 건축, 조각에 유행하였다.

아라베스크(arabesque): 중동과 북아프리카, 이슬람 스페인의 기하 장식이다. 로마, 비잔틴에 사용되었고, 로마 제국 몰락과 아랍의 이집트 정복 후 이것은 모슬렘에 개정, 생물 형상을 제거하고 기하 패턴만을 남겼다.

카우리콜리(caulicoli): 코린트 기둥머리 볼루트를 지탱하는 컬이 진 8개의 조그만 아칸서스 줄기이다.

릴리(lily): 기원전 1550년경 크레트 섬의 장식 모티프로, 고대 세계에서 순결, 무죄를 상징한다. 그 후 기독교 동정녀 마리아의 정화와 순결을 의미한다.

로투스(lotus): 봉오리와 꽃은 고대 이집트와 메소포타미아 건축 예술에 사용되었다. 나일강 썰물이 교차하는 봄에 로투스는 풍부와 물의 신성함을 의미한다. 이집트 신 오시리스는 상징, 재생과 불멸

을 뜻한다. 꽃과 봉오리는 그리스 안테미온 혹은 팔메트의 전형일
수 있다.

팔메트(palmette): 아시리아 근원으로 여러 변형이 있다. 그리스에서
프리즈, 처마장식, 가장자리에 단독 혹은 시리즈로, 혹은 다른 모티
프와 배합해 나타났다. 페르시아 팔메트는 로투스 같은 잎 시리즈
로 서클이나 밴드와 합류한다.

파피루스(papyrus): 수생식물의 양식화로 이집트 장식 모티프다. 건
축에서 파피루스 기둥은 전체 식물로 이루어지는데, 기초는 뿌리,
축은 줄기, 기둥머리는 봉오리와 꽃이다. 나일강의 비옥을 상징하
며 로투스, 종려와 함께 자주 사용된다.

솔방울/소나무(pine cone/tree): 원시 나무 숭배에서 유래, 불과 비옥의
제식에 사용된다. 고대 이집트, 아시리아, 그리스, 로마에서 재생의
상징 모티프다. 아시리아의 신성한 나뭇가지들은 종종 솔방울로 끝
맺었고 그리스와 로마에서 솔방울은 와인 음미에 사용, 그것들의
매운 향기는 희생 제단에 태웠다.

로즈(rose): 고대 로마에서 로즈는 예식과 축제에 의무적인 장식이었
다. 나중에 양식화되어 추상 모티프로 여러 잎 숫자를 가진 로제트
를 창조, 다른 상징을 생산했다. 중세기 기독교에서 동정녀 마리아
와 천국을 뜻한다.

신성 나무(sacred tree): 고대의 신성 나무/생명나무는 젊음과 회복을
위한 음식 제공이며 생의 연장을 돕는다. 지방적 중요성에 따라 존경

의 의미, 모티프의 여러 버전인 잎, 꽃, 열매가 있다. 이 변형에 따라 나무는 스타일화되었다. 최초의 신성 나무는 기원전 약 3,500년 칼데아 돌에 새겨졌다.

스크롤(scroll): 그레코-로마가 원천으로 곡선으로 계속되는 잎 혹은 기하 모티프다. 로마 오너멘트에 자주 나타난 이교도 디자인으로 초기 기독교 비잔틴 장식에 제시되고, 점차 그 상징을 획득했다.

스피랄(spiral): 계속된 나선으로 단독, 시리즈, 복잡 패턴에서 다른 곡선과 겸비한다. 원시 태양-뱀과 연결되며 무기, 갑옷, 연장에 나타났다. 켈트 장식의 특징이며 고대 건축에서 기본이다.

스티프리프(stiff leaf): 기둥머리에 조각된 잎 밴드로 초기 영국 고딕 장식에 사용되었다. 트래포일로, 세 잎 중간은 움푹하고 잎끝은 서로를 향해 컬이 진다.

바인(vine): 고대와 중세의 보편적 모티프다. 이집트에서 로투스, 아이비, 파피루스와 함께 기둥머리와 무덤 천장을 장식했다. 그리스 신 디오니소스와 연결, 그리고 밀 이삭과 결합하여 성찬을 의미한다.

균형(balance)은 디자인 요소의 평형과 조화로운 배열이다. 안정감으로 통합에 중요하다. 두 유형은 대칭/형식, 비대칭/비형식이다. 대칭은 형태, 치수, 부분 배열에 동등한 분리; 비대칭은 다른 치수나 모양으로 미적이고 평형감을 준다.

대조(contrast)는 디자인 요소들의 반대 특질이다. 목적은 한 라인, 형태, 컬러가 다른 것에 대하여 뚜렷하고 더 강조를 줌이다. 지나친 대조는 통합을 방해한다.

강조(emphasis)는 구성에 한 디자인이 다른 것보다 우월함의 표시이다. 통합에 절대적으로, 올바른 종속과 덜 중요한 것의 배열로 더 강한 효과를 가질 수 있다.

하모니(harmony)는 부분들의 조화로 직선, 곡선, 대각선이 함께 사용되었을 때 균형을 요구한다. 통합처럼 질서 배열을 요구하고 라인, 형태, 순도, 컬러가 포함된다.

반복(repetition)은 패턴의 재발이다. 진행 리듬은 디자인의 크기나 모양에 증가 혹은 축소를 요구한다. 이것은 반복 리듬보다 강하여 더 독창성을 허락, 사용에 힘들다. 계속 리듬은 흐르는 효과로 한 리듬 종류의 사용이다.

리듬(rhythm)은 강하고 약한 요소의 반복 움직임이다. 디자인에서 라인과 형태의 배열은 관망자의 눈을 따르게 만든다. (i) 라인, 형태, 패턴, 순도, 컬러의 반복, (ii) 사이즈 혹은 모양의 진전, (iii) 계속적 기본 라인을 통해 얻는다.

통합(unity)은 전체적으로 하나의 감정을 주기 위한 부분들의 정돈이다. 라인, 형태의 일관성이 필요하고 논리, 질서를 가져야 한다. 다 빈치에 의하면, "각 분야는 그 자체의 불안전을 피하려 전체와 단결, 배치되었다." (Every part is disposed to unite with the whole that it may thereby escape its own incompleteness)

다양(variety)은 지나친 동일을 피하기 위해 다른 아이디어나 특징을 배합한 것이다. 라인, 형태, 컬러, 대조를 통해 얻으며, 그것은 생동감을 주고 디자인에 자극을 가져온다.

지명

Amiens/Anzy le Doc/Aqsa/Artaiz/Athena/Bagno de Mare/Basilica of Trajan/Baudeh/Behzo/Bel/Belevi/Byland/Cabeza de Griego/Camara Santa/Canterbury/Certosa di S. Lorenzo/Cervatos/Chartre/Choragic Monument of Lysicrates/Church of the Holy Sepulchre/Church of the Nativity/Cividale/Cluny/Column of Marcus Aurelius/Conques San Foy/Didyma/Dome of the Rock/Dore/Erechtheion/Estany/Fitero/Fontenay/Furness/Galligans/Ganagobie/Gandhara/Holy Apostle/Jaca/Jervaulx/Junius Bassus/Kafarnaul-Tell Hüm/Ksedjibeh/Lateran/Lezat/Loarre/Longobarde/Mars Ultor/Masion Carrée/Memmon/Monreale/Mozat/Mudjela/Nawa/Notre Dame/Notre Dame de la d'Alade/Notre Dame de Senanque/Palatine Chapel/Panteon de los Reyes/Pantheon/Parthenon/Puebla de la Reina/Quintanilla de las Vinas/Reichenau-Mittelzell/Reims/Romainmotier/Saint Benoit sur Loire/Saint Etienne/Saint Guilhem le Desert/Saint Hilaire/Saint Jean, Sorde/Saint Lazare/Saint Philibert/Saint Pierre, Chauvigny/Saint Pierre et Saint Paul/Saint Pierre de Moissac/Saint Remi/Saint Sever sur l'Ardouf/Saint Seurin/Saint Sophia/Saint Suilac/Sainte Eulaie et Sainte Julie, Elne/Sainte Marie/Sainte Marie Madelaine de Vezelay/Sainte Trinite/San Baudelio de Berlanga/San Benet de Bages/San Cebrian de Mazote/St. Gugat del Val/San Fructuoso de Montelios/San Gennaro/San Gines de Francelos/San Juan de la Pena/San Juan de las Abadesas/San Juan de Rabanera/San Marco/San Miguel de Lillo/San Miniato al Monte/San Paragorio/San Pedro de la Nave/San Pietro/San Pietro del Valle/San Ponziano/San Salvador/San Vincente/San Vitale/San Vittore/Santa Costanza/Santa Croce/Santa Cruz de la Seros/Santa Maria/Santa Maria de Aguilar de Campoo/Santa Maria Maggiore/ Santillana del Mar/Santo Domingo de Silos/Saqqara/Sarid/Se Velha/Septimus Severus/Sos del Rey Catolico/Southewell/SS Sergius & Bacchus/Stone Church/St. Agnes/St. Ambrogio/St. Apollinare, Classe/St. Callixtus/St. Denis/St. Germain/St. Gilles/St. Girons/ St. Martin/St. Michele/St. Michel de Cuxa/St. Miguel de Escalada/ St. Paul/St. Pere de Rodes/St. Peter/St. Pierre Aulnay/St. Sabina/ St. Sernin Porte de Comptes/St Sever de Rustan/St. Trophime/ Susa/Tegea/Temple of Apollo/Temple of Apollo Epicurius/Temple of Castor and Pollux/Temple of Edfu/Temple of Faustina/Temple of Isis/Temple of Khnum/Temple of Vesta/Temple of Zeus Olympius/The Grand Mosque of Damascus/The Roman Kiosk of Naga/ Tholos of the Marmara/Til-Chatel/Tower of the Winds/Tudela/ Ursus Magister/Venetian/Yunkang

참고문헌

Adam, Robert (1990). Classical Architecture, London: Viking Penguin Books.

Alberti, Leo Battista (1999). On the Art of Building in Ten Books, (trans.) Joseph Rykwert, Neil Leach & Robert Tavernor, Cambridge: The MIT Press.

Alexander, Mary Jean (1965). Handbook of Decorative Design and Ornament, New York: Tudor Publishing Company.

Allsopp, Bruce (1971). Romanesque Architecture, London: Arthur Barker Limited.

Altet, Xavier Barral I (1997). The Early Middle Ages, from Late Antiquity to AD 1000, Köln: Taschen.

Altet, Xavier Barral I (2001). The Romanesque (Towns, Cathedrals and Monasteries), Köln: Taschen.

Ardalen, Nuder & Laleh Bakhtiar (1973). The Sense of Unity: The Sufi Tradition in Persian Architecture, Chicage: University of Chicago Press.

Aubert, Marcel & Simone Goubet (1959). Gothic Cathedral of France and Their Treasures, London: Nicholas Kaye Limited.

Bann, Stephen (1989). The True Vine, Cambridge: Cambridge University Press.

Bloomer, Kent (2002). The Nature of Ornament, Rhythm and Metamorphosis in Architecture, New York: Norton & Company.

Boethius, Axel & J. B. Ward-Perkins (1970). Etruscan and Roman Architecture, Hammondsworth: Penguin Books Ltd

Bony, Jean (1983), French Gothic Architecture of the 12th and 13th Centuries, Berkeley: University of California Press.

Bosomworth, Dorothy (1995). The Encyclopaedia of Patterns and Motifs, London: Studio Editions.

Branner, Robert (1961). Gothic Architecture, New York: Braziller.

Brondsted J (1924). Early English Ornament, London: Hachette Publishers.

Buckhardt (1976). Art of Islam Language and Meaning: The Common Language of Islamic Art, London: World of Islam Festival Publishing Company Ltd.

Butler, Lionel & Christ Given-Wilson (1979). Medieval Monasteries of Great Britain, London: Michael Joseph.

Cabanot, Jean (1987). Les debuts die la sculpture romane dans le sud-ouest de la France, Paris : Picard.

Charbonneaux, J. R. Martin & Francois Villard (1972). Classical Greek Art BC 480~330, (trans.) James Emmons, London: Thames and Hudson.

Charbonneaux, Jean (1973). Hellenistic Art BC 330~50, George Braziller, NY.

Clarke, Georgia & Paul Crossley (eds. 2000). Architecture and Language, Constructing Identity in European Architecture c.1000~1650, Cambridge University press.

Colling, James, K. (1865). Art Foliage for Sculptures and Decorations, London: the Author.

Collingwood, W. Gershom (1883). The Philosophy of Ornament, Eight Lectures on the History of Decorative Art, Oprington, Kent:

George Allen, Sunnyside.

Cook, E. T. & Alexander Wedderburn (eds. 1904). The Works of John Ruskin: Lectures on Architecture and Painting (Edinburgh, 1853) London: George Allen.

Cook, R. M. (1976). Greek Art, Its Development, Character and Influence, Hammondsworth: Penguin Books.

Cook, Roger (1974). The Tree of Life (Symbol of the Centre), London: Thames and Hudson.

Cooper, J. C. (1978). An Illustrated Encyclopaedia of Traditional Symbols, London: Thames and Hudson.

Creswell, K. A. C. (1968). Short Account of Early Muslim Architecture, International Book Centre.

D'Ambra, Eve (1998). Roman Art, Cambridge University Press.

Day, Lewis F. (1977). Nature in Ornament, New York & London: Garland Publishing, Inc.

Dimand, Maurice S. (1937). "Studies in Islamic Ornaments, Some Aspects of Omaiyad and Early Abbasid Ornament", Ars Islamica 4.

Dresser, Christopher (1973). Principles of Decorative Design, London: Academy Editions.

Dresser, Christopher (1988). Studies in Design, London: Studio Editions.

Durand, Jannic (1999). Byzantine Art, Paris: Terrail.

Fisher, E. A. (1959). An Introduction to Anglo-Saxon Architecture & Sculpture, London: Faber and Faber.

Fletcher, Banister (1996). A History of Architecture, Architectural Press.

Focillon, Henri (1963). The Art of the West in the Middle Ages, London: Phaidon Press.

Focillion, Henri (1980). The Art of the West (Gothic), Oxford: Phaidon Press Limited.

Focillion, Henri (1992). The Life of Forms in Art, (trans.) George Kubler, MIT Press.

Frutiger, Adrian (1991). Signs and Symbols, (trans.) Andrew Bluhm, London: Studio Editions.

Geese, Uwe (2003). Romanesque Art (ed. Rolf Toman), Feierabend Verlag.

Glazier, Richard (1933). Historic Ornament, London: B. T. Batsford.

Gloag, John (1963). The English Tradition in Architecture, London: Adam & Charles Black.

Gombrich, E. H. (1979). The Sense of Order, Oxford: Phaidon Press Ltd.

Goodyear, W. H. (1892). The Grammar of the Lotus, London: Sampson Low & Co.

Gough, Michael. (1973). The Origins of Christian Art, London: Thames and Hudson.

Grabar, Oleg (1987). The Formation of Islamic Art, New Haven and London: Yale University Press.

Grabar, Oleg (1992). The Mediation of Ornment, Bollingen Series XXXV38, Princeton: Princeton University Press.

Gravagnuolo, Benedetto (1995). Adolf Loos, London: Art Data.

Griffith, William P. (1852). Architectural Botany; Geometrical Distribution of Foliage, Flowers, Fruit, & C. London: The Author.

Hall, James (1994). Illustrated Dictionaries of Symbols in Eastern and Western, London: John Murray Ltd.

Hamlin, A. D. F. (1916). A History of Ornament, Ancient and Medieval, New York, The Century Co.

Harris, John & Jill Lever (1966). Illustrated Glossary of Architecture 850~1830, London: Faber and Faber.

Harvey, John (1972). The Medieval Architect, London: Wayland Publishers.

Heinz-Mohr, Gerd (1991). Lexikon der Symbole – Bilder und Zeichen der christlichen Kunst, Freiburg: Herder.

Hauglid, Roar (1950). Akantus fra Hellas til Gudbrandsda, Oslo: Riksantikvariatet.

Hearn, M. F. (1981). Romanesque Sculpture, Oxford: Phaidon Press Limited.

Heath, Sidney (1909). The Romance of Symbolism, and Its Relation to Church Ornament and Architecture, London: Francis Griffiths.

Hillenbrand, Robert (1999). Islamic Art and Architecture, London: Thames and Hudson.

Hulme, F. Edward (1894). The Birth and Development of Ornament, London: Swan Sonneschein & Co.

Jackson, Thomas G. (1975). Byzantine and Romanesque Architecture, New York: Hacker Art Books.

Jalabert, Denise (1965). 'La flore sculptée des monuments du moyen âge en France. Recherches sur les origines de l'art français, Paris : A. et J. Picard.'

Jones, Owen (1856/1972). Grammar of Ornament, New York: Van

Nostrand Reinhold Company.

Kühnel, Ernst (1949). The Arabesque: Meaning and Transforation of an Ornament, (trans.) R. Ettinghuasen, Graz: Verlag für Sammler.

Laisne, Claude (1995). Art of Ancient Greece, Paris: Terrail.

Liu, Laurence G. (1989). Chinese Architecture, New York: Rizzoli.

Loos, Adolf (1902/1998). Ornament and Crime, (trans.) Michael Mitchell, Riverside, California: Ariadne Press.

Malek, Jaromir (1999). Egyptian Art, London: Phaidon Press Limited.

March, Colley (1896). "Evolution and Psychology in Art", New Series, Vol. 5, No. 20 (oct.), 'Oxford University Press' on behalf of the Mind Association.

Martel, Charles (1878). The Principles of Form in Ornamental Art, London: Windsor & Newton.

Mathews, Thomas F. (1998). Byzantium, from Antiquity to the Renaissance, New York: Harry N. Abrams, Inc. Publishers.

Michalowski, Kazimierz (1968). Art of Ancient Egypt, (trans.) Norbert.

Norman, Edward (1990). The House of God, London: Thames and Hudson.

Onians, Johan (1999). Classical Art and the Cultures of Greece and Rome, New Haven & London: Yale University Press.

Osborne, Robin (1998). Archaic and Classical Greek Art, Oxford University Press.

Petzold, Andreas (1995). Romanesque Art, New York: Harry N. Abrams Inc. Publishers.

Porphyrios, Demetri (1991). Classical Architecture, London: Academy

Editions.

Porter, A. Kingsley (1923). Romanesque Sculpture of the Pilgraimage Roads, Boston: M. Joness.

Putnam, James (1997). An Introduction to Egyptology, London: Grange Books.

Rawson, Jessica (1984). Chinese Ornament: the Lotus and the Dragon, London: British Museum Publications Ltd.

Rowland, Ingrid D. (1999). (trans.) Ten Books on Architecture (Vitruvius), Cambridge University Press.

Rowland, Benjamin (1971). The Art and Architecture of India (Buddhist/Hindu/Jain), Balitmore: Penguin Books.

Quill, Sarah (2000). Ruskin's Venice, The Stones Revisited, Ashgate: England.

Quinones, Ana Maria (1998). Pflanzensymbole in der Bildhauerkunst des Mittelalters, Würzburg: Echter.

Radding, Charles M. & William W. Clark (1992). Medieval Architecture, Medieval Learning, New Haven and London: Yale University Press.

Rawson, Jessica (1984). Chinese Ornament: the Lotus and the Dragon, London: British Museum Publications.

Rice, D. Talbot (1952). English Art 871~1100, Oxford: The Clarendon Press.

Rice, D. Talbot (1989). Early Islamic Art, London: Thames and Hudson.

Richter, Gisela (1980). A Handbook of Greek Art − A Survey of the Visual Arts of Ancient Greece, London: Phaidon Press Limited.

Riegl, Alois (1893/1992). Problems of Style, (trans. Stilfragen) Evelyn

Kain, Princeton, New Jersey: Princeton University Press.

Rowland, Benjamin (1971). The Art and Architecture of India: Buddhist, Hindu, Jain, Baltimore: Penguin Books.

Ruskin, John (1853). The Stone of Venice: The Nature of Gothic, Keimscott Press.

Ruskin, John (1857). The Seven Lamps of Architecture, New York: Wiley & Halsted, The Moonday Press (1961).

Salvini, Roberto (1969). Medieval Sculpture, London: Michael Joseph.

Schapiro, Meyer (1977). Romanesque Art, New York: George Braziller.

Scranton, Robert L. (1979). Greek Architecture, New York: George Braziller.

Seckel, Dietrich (1964). The Art of Buddhism, London: Methuen.

Smeets, Rene' (1975). Signs, Symbols and Ornament, New York: Van Nostrand, Reinhard Co.

Smith, W. Stevenson (1998). The Art and Architecture of Ancient Egypt, New Haven and London: Yale University.

Snodin, Michael & M. Howard (1996). Ornament (A Social History since 1450), London: New Haven and Yale University Press.

Speltz, Alexander (1989). The History of Ornament: Antiquity to Modern Times, London: Studio Editions.

Stratton, Arhur (1931). The Orders of Architecture, London: B. T. Batsford, Ltd.

Toman, Rolf (ed. 1977). Romanesque, Architecture, Sculpture, Painting, Köln: Könemann.

Toman, Rolf (ed. 1999). Gothic, Architecture, Sculpture, Painting, Köln: Könemann.

Trilling, James (2001). The Language of Ornament, London: Thames and Hudson.

Ward-Perkins, John B. (1977). Roman Architecture, New York: Harry N. Abrams, Inc. Publishers.

Ware, Dora & M. Stafford (1974). An Illustrated Dictionary of Ornament, London: Allen & Unwin.

Wildung, Dietrich (2001). Egypt from Prehistory to the Romans, Köln: Taschen.

Wilson, Eva (1994). 8000 Years of Ornament, London: The British Museum Press.

Wornum, Ralph N. (1865). Analysis of Ornament: the Characteristics of Styles, London: Chapman & Hall.

Zarnecki, George (1953). Later English Romanesque Sculpture, 1140~1210, London: Alec Tiranti Ltd.

Image Credit: UR(upper right) UL(upper left) MR(middle right) ML(middle left) BR(below right) BL(below left) R(right) L(left). 26 Pio Panfili(R) G Benaglia(L). 29 Ruskin(R) Patrick Clenet(L). 33 Alexander Mayrhofer. 37 Norman de Garis Davies, Nina Davies. 39 buffaloah.com, Steven C. Price. 40 Internet Archive Book. 42 ASI(UL) Tinucherian(BL) John Murray(R). 43 Fabien Kahn(R) Chrisi1964(L). 44 Blueshade. 48 Jebulon(UR) Codex(UL) Robert Freeman(B). 50 Jeanhousen. 52 Eloquence. 54 wikimedia. 57 US Library Congress. 58 jeffergray. 62 Peter Campbell. 68 Jochen Jahnke. 71 Felix Benoist. 77 Manfred Zentgraf. 79 Fritz Geller-Grimm. 81 unknown. 82

Vegetal-Floral Ornamentation in Medieval Monastery Cloisters